河出文庫

複眼で見よ

本田靖春

河出書房新社

目次

第二章　植民者二世の目で――根なし草のまなざし　133

複眼で見よ

第一章　持続する怒りを——拗《す》ね者のジャーナリズム精神

テレビとは面白ければそれでいいのか

討論?! 極右VS極左

「面白くなければテレビじゃない」と謳《うた》うテレビ局が、このところずっと視聴率三冠王を続けていると聞いた。

それに水を差すような古い話をのっけから持ち出してはいけないのかも知れない。しかし、私にはその局に関して、かなり「面白くない」思い出がある。

何分にも古いことなので、時間的な面での記憶は定かでないが、たしか昭和四六年の一〇月であったと思う。私はその局の新番組にレギュラーの一人として出演することになり、第一回の放送の日、午後一一時からの本番に備えて、早目に局に入った。

前以って言い渡されていた当日の役割りは、「極右」・「極左」両グループの討論を司会することであった。極端に対立する両者の言い分が、まともな議論として嚙み合うのだろうか。そう考えると少々不安になってくる。その矢先に次のようなやりとりが私の耳に入った。

「連中、着いたか」

「はい。トイレで顔を合わせたりするといけないので、離して控え室に入れてあります。端と端だから大丈夫でしょう」

「よし、本番五分前になったら、スタジオに入れてカギかけちゃえ。そうすれば、もう帰るとはいわんだろう」

私は驚いた。スタッフは出演するグループのどちらにも、対立する立場の討論相手が用意されていることを伝えていなかったのである。つまり「極右」も「極左」も、自分たちの意見や考えを一方的に開陳できるものと受け取って、局へ乗り込んで来ていたことになる。

番組の趣旨はあくまでも討論会なのである。それを出演者に知らせないというのは、騙しとまではいわないにしても、フェアではない。私はディレクターに案内してもらって、それぞれの控え室に行き、自分の口から趣旨を説明した。本来これはディレクターの役目である。しかし彼は私を案内することさえ渋っていたので、そうならざるを得なかったのである。

説明に際して、本番中の発言は司会者である私の認めたものに限り、私が指示したときはただちに発言を打ち切るよう求め、双方（各五人）ともこれを了承した。

しかし、本番に入ると、この約束が守られたのは初めのうちだけで、司会者を無視した怒鳴り合いになった。そのきっかけをつくったのは「極右」の方で、「極左」の側が発言中、机をつかんで立ち上がり、ヤジの範疇にとどまるならまだしも、すさまじい怒号を浴びせかけはじめたのである。

彼らは「極右」というより、風貌、服装、言葉遣いのすべてが暴力団員のそれであった。私は何度も制止し、また、CMのあいだに前記のルールを繰り返し確認させたのだが、何の効き目もない。そうなると「極左」の方もエキサイトしてくる。だが、彼らは、相手を罵倒するだけの「極右」に比較すれば、自分たちの主張を論理的に述べようとする姿勢を失っていなかった。

その主張の是非はともかく、討論者としては「極左」の方がはるかにまともである。したがって、私の制止はどうしても「極右」に向けられがちになる。

他人の喧嘩は面白いか

何度目かのCMのとき、一人の男が私の前に駆け出してきて、いきなり面罵した。

「お前はいったい何をやってるんだ！　こっちの肩ばかり持つな」

彼が指さしたのは「極左」の方であった。

私は猛然と腹が立った。彼ごときにお前呼ばわりされるいわれはない。私は外部の人間なのである。ついでにいうと、番組への出演は私の希望によるものではなかった。

たまたまその社の報道局に大学時代の先輩がいて、私が新聞社を辞めたのを知り、声を掛けてきたのである。

正直なところ、私はテレビに対してかなりの「偏見」を持っており、ブラウン管に顔をさらすのは気が進まなかった。紆余曲折があって、結局、出演を引き受けたのは、フリーになりたての私に機会の一つも与えてやろうという、その先輩の好意を無にしてはいけないと考えたからである。

私を面罵したのはプロデューサーのようであった。本番の前に、「スタジオに入れてカギかけちゃえ」といったのが、この男である。

私は彼に対して腹を立てると同時に、司会役を放棄した。ばかばかしくてやっていられなくなったのである。

「お前、もうちょっと何とかならないの。腕組んでそっぽ向いちゃったきり、ぶすっとしたままなんだもの。相変わらずだとは思ったけどね」

翌日、電話をかけてよこした新聞社のかつての仲間は、そういう感想を漏らした。

私は会社を辞めた人間である。テレビ番組くらいはすぐにでも降りる。さらにいえば、私が志向するのはあくまでも活字メディアであって、テレビの世界ではない。

「極右」と「極左」のやりたい放題に任せていると、次のＣＭで件《くだん》の男が飛んで来て、ひきつった顔で声を震わせた。

「何のための司会者だ。ちゃんとやれ」

本番中でなければいってやるところだが、私は黙って男をにらみ返した。冗談ではない。これが討論会であるのなら、司会を務めもしよう。だが、まるでシャモの喧嘩ではないか。そんなものの付き合いはこれ以上できない。口には出さないが、それが私の気持ちであった。

番組が終わったあと、部屋に戻った男は、最前私に見せた怒り顔がうそのように上機嫌になった。本番中からかかりはじめたという視聴者からの電話が、ひっきりなしに続いていたせいである。

「やっぱり他人の喧嘩というやつは面白いからな」

男はそういって、視聴率の予想を口にしだした。その数値は彼の希望的観測とともに小刻みに上がって行くのであった。私は長居をせずに引き揚げた。

その後、局からは何の連絡もなく、私の番組出演は第一回だけで終わった。自分から本番中に番組を降りようと決めたのだから、その結果には一切不満がない。しかし、局が一言の断りもなしに私の出演を打ち切ったのは、非常識というものである。

ここから先の話は金がらみなので、あまりしたくないのだが、局は出演料を送ってこなかった。途中で役目を放棄した人間に出演料など払えるか、といわれればそれまでである。

では、次のケースはどう考えればよいであろうか。

午前三時の電話

私は吉展ちゃん事件をテーマにして『誘拐』という本を書いた関係で、誘拐事件が起きるたび、マスコミにコメントを求められる。だから、どの事件のときだったかは思い出せないが、「面白くなければテレビじゃない」という局から電話がかかった。

それがなんと、午前三時すぎである。非常識な時間というのはまさにこれを指すのであろう。私はたまたま朝までに書き上げなければならない原稿に取り組んでいた最中で、起きていたからいいようなものの、寝ていたら睡眠を中断されるところであった。

「これからお宅にうかがって、ちょっとコメントをとらせていただきたいんですが――」

これまた輪をかけて非常識である。それでなくても締切を目前にしているのだから、そんな注文に応じられない。置かれている状況を説明して断った。ところが先方はいくらいっても引き下がらない。粘られたあげくに、とうとう押し切られてしまった。ただし、ビデオ撮りの時間をもう少し遅らせるよう条件をつけた。わが家は狭い。寝ている家族を起こすのは避けたい、と考えたのである。

先方は朝のワイドショーのスタッフで、できるだけ早い時間をと希望し、結局、私は午前六時という線で妥協した。その時刻であれば、当時、高校に通っていた娘もそろそろ起き出すころである。ところがスタッフはそれより三〇分も早くやって来てしまった。これも、たいへんな非常識だといわなければならない。

まだ寝ていた家人があわててパジャマを着替え、私の仕事部屋と次の間を忙しく片付けて彼ら四人を通し、コーヒーを沸かした。

ちょっとのはずの時間が、撮影の準備に手間取って、けっこう長引いた。何も知らずに起きて来た娘は、キッチンまで占領されている状態に目を丸くし、朝食も摂れず弁当も持たないままに学校へ出掛けた。私はといえば、朝一番で印刷所に入れなければならなかった原稿が間に合わず、担当の編集者に迷惑をかけてしまった。

つまりは私も迷惑を蒙ったということなのだが、局からはその後、何の挨拶もなく、謝礼も送られてこなかった。

お断りしておくが、金の恨みをいっているのではない。かりに謝礼をちょうだいしたとしても、高の知れた額であろう。金だけのことなら、こうしてわざわざ字にするほどこだわりはしない。

私も取材をする人間だから、逆に取材を受ける立場に回ったとき、なるべく先方の希望に沿いたいと考えている。それで、そのときも無理を聞いたのだが、ナシのつぶては非常識というものである。

関西からの電話

ついでにもう一つの話もしておこう。

やはり誘拐事件が起きたときのことである。ベルが鳴ったので受話器を取ると、女性が関西のテレビ局の名を告げた。

「少々お待ち下さい」

といわれて待っていたが、しばらく先方が出ない。「もし、もし」を繰り返すうち、やっと男の声がした。

「誰に用？」

「そちらがおかけになったんですよ」

「あんた、誰？」

ぞんざいな言葉遣いにむっとしたが、丁寧に答えた。

「東京の本田と申しますが」

先方は受話器を掌で覆うでもなく、自分の周囲に向かって大声を上げた。

「おーい、東京の本田っていうのが出てるぞ」

ややあって、別の男にかわった。

「本田さんは吉展ちゃん事件の本をお書きになったそうですね。何という本ですか」

「『誘拐』です」

「ああ、そうですか。私は読んでないものですから。ところで……」

彼は出演依頼を切り出した。私は一言で電話を切った。

「ばかもの」

私の読者の数は限られている。だから、『誘拐』を知らなくても何の不思議もない。しかし、彼の場合は、かりにもこの私に出演を依頼するのである。作品を読んでからにせよ、とはいわない。せめて書名くらいは調べて電話をよこすべきではないのか。私ならそうする。それがジャーナリストの常識である。

いったいテレビ局の社員教育はどうなっているのだろうか。前の一件といい、これといい、たまたま出来のわるいのにぶつかったというだけのことかも知れないが、私の内側では、テレビマンに対する不信感が強まるばかりであった。

テレビの自己否定

それと軌を一にして、世間でテレビに対する批判が高まってきた。本誌の読者は、私など比較の対象にもならないほどテレビにはくわしい方々であろうから、いまテレビに何が問われているかは、先刻ご承知のはずである。したがって、いまここに問題点を列挙することはしない。

ひとつ間違えば、個人的な恨みつらみととられかねない話ばかりを、私は書いてきた。その途中からやや脇道にそれたがここでのテーマは、テレビは面白ければいいのか、ということである。そこに、何を以って「面白い」「面白くない」を分けるか、という問題が含まれているのは、いわずもがなであろう。

私は討論を聞くのは好きだが、スタジオで経験したようなただのがなり合いは少しも面白くない。むしろ不快なだけである。

だが、プロデューサーとおぼしき件の男の胸の内を推しはかるに、初めから討論そのものを期待していなかった。双方が激しくののしり合ってくれさえすれば、それで十分だったのである。さらに推量すると、けが人を出さない程度に殴り合ってくれれば、彼にはもっとよかったに違いない。なにしろ、彼が期待したのは「喧嘩」なのである。

重傷者でも出してしまっては局側の責任が問われるが、殴り合いだけでおさまるなら大した咎めはない。スタジオのハプニングということで話題になって、新番組は注目を集める。それで視聴率が稼げるという寸法である。

特定の局を古い話で俎上にあげたが、番組づくりのうえでのセンセーショナリズムは、テレビ界全体に見られる現象で、わるいことに年々エスカレートしている。まだ記憶に新しい少女たちを使ってのリンチ場面のやらせ事件は、暴力沙汰が起きるのをひそかに期待するにとどまらず、局側が文字通りやらせてしまったケースである。

センセーショナリズムに加えて、スキャンダリズムもテレビ界をばっこしている。ジャーナリズムにスキャンダリズムの要素が欠かせないのは私も承知しているが、今日のようなありようでは、言論・報道機関としてのテレビの自己否定につながっていきはしないかと憂える。人権に最も敏感であるべきジャーナリズムが、写真週刊誌なども含めての話だが、人権侵害の先頭に立っている姿は、もはや、正気の沙汰ではない。

それも、これも、改めていうまでのこともなく、視聴率争いが生んだ弊害である。

将来見据えるテレビへ

百歩譲って、もっぱら他人の股ぐらをうかがうたぐいの番組が、「面白い」としよう。しかし、防衛費対GNP比一%枠突破、国家秘密法、靖国神社公式参拝など、私たちの運命を左右する諸問題が、「面白くない」という理由でほとんど取り上げられない現状を、テレビとはそういうものだ、といって見過ごすわけにはいかない。

いま、売上税で旗色がわるいが、前で挙げた一連の政策を推進する中曾根自民党に、国民は三〇四議席を与えた。この歴史を逆行する動きは、私の立場からすると、「面白くない」どころではない。

あえていうが、歴史に学ぼうとしないのは愚民であり、その愚民がしだいに数を増して、私のような立場の人間を隅に追いやろうとしている。

そうした状況をつくり出した責任のかなりの部分を、テレビは負わなければならないのではないか。

私がテレビに望むのは、社会の将来を見据えた報道性であり論評性である。去年の放送記念日に続いて、今年も三月二二日にNHKが放送した『今、テレビに何が求められているか』の中で、猪口上智大学助教授は、「事実より事実の背後構造を、そして、国民に知る権利より考える権利を」と発言していた。私もまったく同意見である。

マスメディアの中で最大の影響力を持つテレビは、ぜひそうあってほしい。それができないのであれば、別のところでも書いたが、せめて愚民の育成を手控えてもらいたい。これは、ともすれば無力感、敗北感にとらわれがちな、一フリー・ジャーナリストからの切なるお願いである。

誤報・虚報を続発する「大新聞の欠陥」を考えた

いったい新聞はどうなっているのか、と、このところたびたび訊《き》かれる。新聞記者出身の私としては、そのたびに身を縮こませなければならない。当事者になり代わって弁明しようにも、言い訳のできない事件が二つも続いてしまったからである。

その一つは、先月号のこの欄でも取り上げた朝日新聞社のカメラマンによるサンゴ損傷事件で、世間の批判を浴びた朝日は、一柳東一郎社長が辞任する窮地にまで追い込まれた。

他山の石という言葉があるが、この事件は朝日ばかりでなく、報道にたずさわる人々のすべてにとって、反省の材料となるはずのものであった。

ところが、その波紋がまだ収まりきらない六月一日、今度は毎日新聞が一面と社会面をつぶしての大きな誤報をしてしまったのである。

こちらの方は結果としての誤報なのであって、意図的に捏造《ねつぞう》をした朝日のケースと同列に論じるべきではない、との意見もあるかも知れない。しかし、新聞の信頼性をいちじるしく傷つけた点では、どちらがどちらともいえない。ともに、責任はきわめて重大である。

朝・毎といえば、古くから日本を代表してきた新聞であるのに、なぜ相次いで取り返しのつかない失態を演じてしまったのであろうか。よりによって、という感じがしないでもない。

しかし、ちょっと考えてみると、これは朝・毎だけの問題ではないことに気づく。結論的にいうと、日本の新聞界全体にいぜんとして古い体質が残っていて、その一端がたまたまこうした形で露呈したと見るべきであろう。

つまり、ほかの新聞も、似たような過ちや誤りを犯す危険性を体質的に持っているということである。その点は、間違いのないようにしておきたい。

同じことは、新聞ほど歴史の古くないテレビや週刊誌といった他のメディアにもいえるであろう。だから、厳密にいえば、体質の古いか新しいかが問題ではない。マスメディアは、すべて、捏造や誤報と紙一重のところにいる。そして、現実に、ヤラセのたぐいは枚挙にいとまがない。

そうであるにもかかわらず、私があえて新聞界の古い体質を俎上にのせるのは、伝統に根ざした新聞がジャーナリズムの主流であるという認識からである。

新聞にしっかりしていてもらわないと、世の中がおかしくなる。そうなるのを、私のごとき一介の物書きでは防ぎようがない。だからこそ、折にふれて新聞に注文をつけているのであり、とくに影響力の強い全国紙に注文がきつくなるのは、当然であろう。

新聞不信が生む危険な風潮

では、新聞の古い体質とは何か。

私は先月号で、朝日が五月二五日付の朝刊第二社会面に掲載した、〈南翼ギッシリ北翼スイスイ〉という見出しつきの成田空港を撮った組写真を例に挙げた。

これは明らかな誇張である。事実をありのままに伝えるのが報道の原則であるのに、相変わらずこうした写真が紙面にまかり通っている。その点では、私が新聞記者になった三〇余年前からいささかも進歩していない。

そう嘆いていた矢先、その日の午後にテレビがサンゴ事件を伝えた。

そのタイミングは偶然であったが、私にはサンゴ事件は必然の結果であると思えてならなかった。

すでに書いたことだから多くは繰り返さないが、事実の誇張と捏造は一つの組織的体質に根ざしている。誇張を許してきた古い土壌が、捏造を生んだのである。

それから半月後に、毎日の誤報問題が持ち上がった。これは昔ながらの〝とばし記事〟がはずれたもので、新聞は変わっていないという感をいよいよ深くさせられた。このたびの誤報は、あまりにも紙面の扱いが派手であったために目立ってしまったが、本質的にこれと変わらない誤報は日常茶飯事である。後でその実例をお目にかけよう。

新聞がいつまでもそういうふうでは困る。いましきりに政治不信が叫ばれているが、その火つけ役である新聞への不信が広がるとしたら、社会はどうなるのか。それでなくても、昨今、新聞を嗤《わら》う危険な風潮が出てきているではないか。いったい新聞はどうなっているのか、という疑問に、新聞記者自身が答えてもらいたい。そう考えた私は、朝日、毎日、読売の中堅どころにインタビューを申し入れた。総じて、素直に語ってもらえたと思っている。

この稿は大きく二つに分かれていて、後半はリクルート報道の総括とでもいったものである。その分は別の章立てにするとして、まずは各社の記者に、どうしてあのような記事が出てしまったのか、また新聞社にはいくつもあるはずの社内の関門を通ってしまったと考えているかを、質《ただ》すところから始めよう。

ウソをついて全面否定

――六月一日の毎日新聞夕刊（東京）に出た例の記事の中身は、その大半がそれまでのグリコ・森永事件の捜査のおさらいで、当局が犯人として取り調べを始めたという四人のグループを犯行に結びつける確かな材料はどこにも見当たりませんね。

はっきり申し上げて、中身がきわめて薄い。それなのに、どうして社内のチェック・ポイントを通ってしまったのか。それが私の素朴な疑問なんですよ。

A記者　同業者としておっしゃったような悔しさがあるんです。

B記者　私の得た情報では、あれは、まったくの虚報ではなかったようですね。

C記者　私の推測をいいましょう。毎日はグリ森事件で、いくつかの特ダネを書いてるんです。

一つは、犯人にカネを取りに行かされたアベック。二人を事情聴取した捜査本部の見方は、彼らをホシの仲間だと思っていた。そのうえで極秘にしていたのをすっぱ抜いたんです。要するに、当局の見込み違いだったわけですね。

それから有力容疑者と書いたSさんのケース。これも後で違ったとわかるんだけれど、本部が極秘にパクった。それで毎日が書いて、誤報だといわれるわけですが、うちも含めて各紙とも一斉に大きく追いかけているんです。誤報といっても、そういうことだったわけね。ちょっと毎日には甘い言い方かも知れないけど。

B　補足説明をしておくと、捜査本部は本当のことをまったくいわないという背景があるんです。公定歩合とこの事件に関してはウソをついてもいい、という感じなんですよ。犯人グループから森永に脅迫状がきたときも、警察庁は全面否定です。大阪府警も全面否定。全面否定どころか、グリコ便乗犯からほかのところに来た別の手紙を記者会見で警察庁の幹部が見せて、毎日の記事は誤報だ、といったんですよ。はっきりいって、毎日以外の何社かはグリコ便乗犯が手紙を出したと。結果的にそのほうが誤報なんですけど、そういうのを書いてるわけ。しばらくして、犯人から毎日に手紙が行ったんです。あれはそのとおりだと。自分たちが書いたものだと。証拠つきでやってきたものだから、渋々当局が認めたんです。そのとき初めてグリコ事件がグリコ・森永事件になった。

C　そういう経過がずっとあって……。どうも毎日には捜査本部の末端から相当な情報が来ていた形跡があるんですよ。それが不幸といえば不幸だった。

正確さを期す勇気とは

――つまり、そういうふうに捜査本部の動きを摑んでいた実績があったものだから、今回の情報も確度が高いと判断してしまったということですね。

A　毎日の記者はあそこに書いてある四人が、捜査線上に浮かんだのは事実だといっていましたね。

――それはその通りだろうと思いますが、そういういろいろな人たちを一つずつ消していくのが捜査でしょう。

B　その通りだと思う。でも、それをやるとき捜査員というのは、これが真犯人だと思ってやるんですよ。違うと思ってやったらだめだからね。そういうことをこちらは相対化して見なければいけないんですが、そこまで見るのに時間が足りなかったという面があったと聞いてますね。

——四人の取り調べを始めたと書くからには、何時ごろどこへ呼んだのかという、動きを伝えるくだりがあってしかるべきだと思いますがね。

C　情報にはそれがあったようです。あったからいっちゃったんでしょう。

——それを削ったのはなぜだと思いますか。

B　きっとネタ元隠しですよ。そのネタ元は、これからもまだつながなきゃいけない、と毎日は考えたようですね。

A　まあ広い意味で情報は間違いではなかったとしても、四人を今にも逮捕するような取り方をしちゃったのは、絶対間違いなんですよ。そこが甘かったと思いますね。時間がたっぷりあれば、もう少ししっかり書けたと思うんですがね。

——時間がないわけではありませんよね。翌日の朝刊に回して、その間にもっと確認の作業をするとか、それで足りなければさらに一日かけるとか——。あの原稿はあの段階では書くべきではなかったんじゃないですか。

C　同業者として、当事者に酷なことはいいたくありませんが、おっしゃる通りです。

B　今度は大きな扱いだったから、ひどく突出して見えますけど、これまでに似たようなことは各社ともものすごくありましたね。それをいかになくすかというのが課題で、各社ともその努力はかなりしてきたんですよ。そうすると、相当地味な新聞がでてくるんです。しかし、地味でも正確なほうがいいというところに、事件報道の全体がだんだんきている。そのトレンドがある中で、そういう状況下だからこそ、待つ勇気が必要だったと思います。扱いは別として、あれに近いことが昔はあって、当時は批判されていなかったことがあったんじゃないですか。

読売が犯したある「誤報」

Bさんがいうようなケースは、昔ばかりでなく今もある。最近の実例を挙げておこう。

読売は練馬署中村橋派出所の警官殺害事件に関して、五月一七日付朝刊の社会面トップに〈ビル侵入男と酷似〉〈昨年、近くで逮捕歴〉〈シンナー常習、恨みか〉という見出しつきの記事をのせた。捜査線上にそのような人物が浮かんだというのである。

翌一八日付朝刊の社会面には、〈タクシーに乗った?〉〈武蔵境駅近くで降りる〉という四段見出しの記事がのった。

この二本にはそれぞれ、小さな活字だが〈警官殺し犯〉〈警官刺殺犯〉（傍点は筆者）という断り書きがついている。つまりは、犯人だということである。

一八日付の記事のどこを読んでも、一七日付で報じられたシンナー常習者との関連性が出てこない。したがって、武蔵境駅近くでタクシーを降りた男が同一人物であるのか、それとも別人であるのかが読者にはわからない。

だが、犯人の元自衛官がつかまったいま、そのせんさくは無意味であろう。要するに、読売の記事は二本とも誤報だったのである。

読売側は、誤報とは何事だ、と怒るかも知れない。しかし、いくら活字が小さいからといって、犯行に関係のない一人ないしは二人の人物を〈警官刺殺犯〉としたからには、誤報である。捜査当局は読売が書いたような情報を摑んでいたのであろうが、免責にはならないのである。

かりに、読売のケースが許されるとするなら、毎日のこのたびの誤報も許されてしかるべきである、という話になる。

――ともかく、原稿は出てしまったわけですが、四人を「犯人」と決めつけたのは行き過ぎですよね。

B　私が聞いているところでは参考人。参考人ですね、最初はだれだって。もっと小さな扱いで書くのが適当な扱いだったと私は思うね。これだけの扱いになっちゃったら、警察は全面否定になりますよ。認めるわけにいきません。相手の人権もありますから。それで私は、出稿前もそうだけど、毎日の担当者が扱いに関しても過剰反応したところがあるなと。

――警察庁詰めの記者が警察庁の最高幹部に最後の詰めをしたとき、相手が別の事件のことだと勘違いして肯定的な返事をしたという話がありますね。

C　週刊誌に出ていた話でしょう。その事実はないようですね。警察庁詰めの記者が面白おかしく喋ったんでしょう。そういう形で同業者の足を引っ張るのは少し見苦しいですね。武士の情というじゃありませんか。競争はあくまでも仕事の上で、フェアにやりたいものですね。

A　毎日はあれだけの組織で、あれだけ人が揃っていて、ぶざまな失敗をした。しかも、失敗を大きくしてしまった。新聞は失敗するものだなあ、というのが私たち新聞記者の反省であり、今後のいましめです。

リクルート事件を総括する

前半ではもっぱら新聞の古い体質に焦点を合わせたが、去年の六月から始まって、ついには竹下首相を退陣に追い込んだほぼ一年間にわたるリクルート報道は、新聞の新しい動きとして大いに評価されなければならない。

アメリカのジャーナリズム界で興ったインヴェスティゲイティング・リポート（調査報道）の方法が日本でも行なわれるようになったのは、いまからちょうど一〇年前である。

調査報道を一口で説明すると、情報の多くを捜査当局に依存してきた従来の方法とは対照的に、報道機関自らが独自に情報を蒐集し、それを元にキャンペーン的な手法で報道を積み重ねていくやり方である。

一九七九（昭和五四）年、朝日新聞東京本社社会部は、日本鉄建公団の不正経理による公費のむだづかいを独自の情報に基づいて明るみに出し、日本における調査報道の道を開いた。

その後、追及の手は環境庁から郵政省や大蔵省などにも及び、官庁、政府関係機関、特殊法人におけるカラ出張などの乱脈経理が次々に暴露され、「公費天国」の新語を生んだ。

それから一〇年。このたびの主役も朝日の東京社会部であった。その傘下にある横浜・川崎両支局が川崎市役所助役をめぐる疑惑に取材の手をつけたところから始まって、リクルート事件の全容を掘り起こしていったのである。

もちろん他紙もこぞって報道に加わった。それによって、積年の政治腐敗に対する怒りがようやく表面化し、政治改革を求める〝一票一揆〟によって、政権を独占してきた自民党は、かつてなかった国会での過半数割れの恐怖にさらされている。

日本の新聞史で、新聞が自らの手によって、疑獄を掘り起こしたのも初めてなら、報道によって政治改革の世論がこれほどまで広範に喚起されたのも初めてである。

検察による政界ルートの捜査は、結局、〝ネズミ二匹〟で終結したが、新聞はジャーナリズムの本流にふさわしい働きを印象づけた。このたびのリクルート報道は、間違いなく日本の新聞史上に残るのであろう。

だが、取材の内幕を聞いてみると、報道の勝利と手放しで喜んでばかりはいられない現実がある。そのあたりのことも含めて、リクルート報道を総括してみた。

ご協力をいただいたのは前半と同様、朝日、毎日、読売の第一線にいる人たちだが、後半では社会部だけでなく政治部の記者にも加わってもらった。

インタビューは、取材源にご迷惑をかけないという配慮から、すべて個々別々に行なった。本稿は、テーマごとに整理するために、各氏の発言をいったんばらばらにしたうえで再構成したものである。かたちとしては座談会形式になっているが、そうではないことをお断りしておく。

調査報告をなぜしない？

――本題に入る前にちょっとうかがっておきたいんですが、リクルート事件がちょうどピークを迎えていたときにサンゴ事件が起きた。ちょっと水を差されたような気分だったんじゃないですか。

D記者　映像部門でね、ヤラセのない映像は考えられないんじゃないですか。川口浩のなんとか探検は有名な例だし、アメリカでいうと『ハイアドヴェンチャー』ですか。毎週、毎週、その番組の中でちゃんと結末がつく、わけで（笑）。新聞の映像部門なんか、テレビやドキュメンタリーにくらべればかわいいもんですよ。まだ（選挙に）当選しないうちから、候補者のところに行ってバンザイの写真を撮っておいたりとかね。

――記事についてはどうですか。

D　これまで〝ふくらまし記事〟や〝とばし記事〟を一度も書かなかったという記者は少ないでしょう。なかには、一行の事実で一〇〇行書くという――このあいだの毎日の記事は、どこまで新しい事実もあったかどうか。

私はもともとそういうのが下手で、新聞記者の矜持《きょうじ》としてできないんではなく、その能力がないからできませんけどね。

毎日のグリコ犯人取り調べの記事を見て、マスメディアとして新聞しかなかった時代の名残りじゃないかという気がしますねえ。本当に二〇年か三〇年前に引き戻された感じですねえ。

「A浮かぶ」（Aとはきわめてあいまいな容疑者のこと）というのをよくやるでしょう。それと毎日の記事は半歩の距離だと思いますよ。ヤラセとサンゴまでの距離が半歩であるのと同様に。でも、その半歩を踏み越せば決定的になる。もう、そういうことはやめなければねえ。

――朝日や毎日の社内には、かつてワシントンポストが女性記者の捏造記事を掲載したあとでやったように、外部のしかるべき人物に調査報告を依頼しようという動きはないんですか。

E記者　仲間で飲んでいるときにはそういう話になりますね。

――しかし、社の上層部としてはそこまで考えていないと。

E　ただ話は行ってますね。だから聞こうとしているんじゃないかと思うんですけど。

――新聞は変わってきていると思いますか。

E　そうですね。昔の記事といまの記事を比較してみますと、それがわかりますね。昔の社会部の記事をいまの判断基準で削っていくと、半分以下になるんじゃないでしょうか。つまり、伝える情報量が、昔はいまの半分以下だったということです。いまは情報でつないでいく記事の書き方をしていますから。

――各社にいた名物の美文記者はもういらない（笑）。

E　基本的には、難しい言葉の言い回しはやめようということから始まっているんですけどね。そこから出発して、言葉によっては思想性というのか、人間の意思みたいのが入っちゃうこともありますから、それをなるべく客観的な表現に変えていくと。言葉さえ変えれば抵抗なく読めるものが、その言葉があるためにつっかえることがありますから、それはなくそうという運動はずっとしてきています。

国民の意識は変化している

D　ぼくらリクルートをやる前に、情緒的なものをすべて排除して事実だけでいこうと確認したんですよ。見ていただければわかりますが、つなぎ原稿はありません。全部で五本書いただけですよ。一番最初に川崎の助役、次に森喜朗、三番目にずらっと名前を出して、加藤六月や塚本三郎、それから中曾根、安倍、宮沢、そして最後が竹下。これで国民が判断して下さいと。

――全体を振り返ってどのような感想をお持ちですか。

D　感じたのは、これまでに取材したいくつかの政財官癒着といわれる事件にくらべると、悪質な点においては薄いということなんですよね。

例えば、東北の小佐野といわれる小針暦二さんの場合ですね。これも同様に中曾根さんや安倍さんとかみんな出てきた。

小針さんがやったのは、あらかじめ新潟にボロ山を買っておいて、それを元に那須の国有地を手に入れると。林野庁というのは面白いところで、土地の値段じゃなくて、木の値段で交換するわけなんですよね。そこには政治的圧力もあって、こっちの木の値段とこっちの木の値段は同じだということにして交換する。そして、小針さんは那須の土地を右から左に売り飛ばして巨額のカネを手に入れる。処分されたのは国民の財産。被害者は国民、納税者なんですね。

――汚職は被害者のない犯罪だというのは違うと。

D　ところが、今度の場合、江副さんがばらまいたのは、自分で儲《もう》けたカネなんですよね。税金ないし公共の財産がくすねられる従来型の構造悪というか社会悪というか、そういったものとは別の形であると。

しかも、事件としては、青田買い汚職という締まらない（苦笑）結末で終わった。中身が非常にすっきりしない。

しかし、未公開株を使って、特定の政治家が指定した口座に、あるときどさっと大金が振り込まれる新しいやり方。元手ゼロ、担保ゼロでね。それが表に出たときに、国民が非常に強い反応を示したと。つまり、日本の国民の意識が変わってきていると私は思うんです。この調子でいくと、アメリカの下院議長があんなぼやっとした疑惑でも辞めなきゃいけないレベルまで、あと一息で行くんじゃないでしょうか。

一票一揆を生んだ背景

そうなればよろこばしいのだが、政界の内情にくわしい政治部記者たちは、自民党のいう政治改革をほとんど信じておらず、国民の側からの〝一票一揆〟にもあまり明るい見通しは持っていない。

——自民党の唱える政治改革は、どの程度まで本気なんでしょうか。

F記者 そんなに期待できないですよね、実際に。

表向きじゃ、選挙とか何とかがあるから、総懺悔でしょうけどね、まあ、なまやさしいもんじゃないですよ。

僕らがもう一つ、胸躍らない部分は、本来なら、それこそ党が分裂するとか、若手がみんな派閥から飛び出してしまうとか、あるいはもっと大きな動きとして、新自由クラブのときみたいに、袂を分かって自民党を離脱するとか、そういうことがあったっていい局面でしょう。そういうのはないんですよ、みんな。それでただ、自分の選挙が怖いから、アリバイ工作みたいに騒いでいるという感じがしますよ。ほんとうに自民党の中の若手に、それだけの危機感があるんだったら、もうちょっと……。そりゃ、中には何人かいると思いますよ、いると思うけど、表に出てワーワーやっているような人は、しょせんそうじゃないと思うんです。そういう意味では、まあ、この程度なのかなという感じですね。

G記者　全般的に考えると、ロッキード事件のときよりも、政治改革に対する切実感が今回は少ない。三木さんのときには、彼の個性があった。少数派閥を率いて、そこにしか生きる道がなかったのかも知れないが、政治改革を本気でやろうとした。それにくらべ宇野さんには、そんな気はありませんね。あの人は適当にやっていればいいんだから。

三木さんにはそれでも三〇人の子分がいたけど、宇野さんはゼロです。中曾根派にしたところで、渡辺美智雄がうんといわなければ動かない。そうなら他の派閥も動かない。力量も信念も欠いている宇野さんが、そういう状況で政治改革はできません。やると見せかけているのは、完全な参院選対策ですよ。

H記者　いままでやってきた選挙運動のやり方とか、政治行動のやり方とか、そういうものは根本的に見直しなり改めないと、おそらくだめでしょうね。そこに多少自民党が気づいているふりをしているんでしょうが、おそらくこのままじゃまたもとのお座なりな感じになりそうな状況ですね。国民感情からいえばひどいということなんですが、政治家を改めなきゃというふうに動かすには、もっと徹底的な治療がないと、結果的にもとの木阿弥で終わるかもしれませんね。

――そうさせないためにも、国民が投票行為で怒りを見せつけなければならない。

Hやっぱり選挙結果でしょうけどね。今、一票一揆とかいわれますが、あれは確かに日本の今までの政治の常識では考えられないような状況が生まれているわけですね。お灸をすえるという以上に相当国民が怒っていることは間違いないですね。野党に政権を取ってほしいと思っているかどうかわかりませんが、自民党がしっかりしてほしいと思っているんですかね。そこらへん、ちょっとわかりませんけどね。

野党は政権をとる気がない

——自民党はこれだけの政治不信を招いたのだから、政権を野党に渡すのが筋であろうと私は思うんですがね。新聞にはそうした主張があまり見られない。なぜですか。

H社会党も、ここ何年も脱皮を試みてはいるけれども、それじゃ、社会党の掲げている政策に共鳴するということで、非常に支持が広がったのかというと、どうもそうじゃなくて、おたかさんの個人的な人気に負うところが大きい。それから、消費税のことももちろんあるけれども、リクルート事件による自民党の失策が重なって、それが社会党のほうに回ってきているという現象だと思うんですね。

だから、積極的に、この際、社会党にやらせるべきだという熱気が出てこないんじゃないですかね、国民のほうからも。だから、新聞もややそういう部分はあるんだと思うんですよ。

F　消費税とリクルートが重なれば、相当大きく怒りは出てくるんだけれども、自民党の政策自体を全部否定しているわけでもないし、それにかわる社会党なり野党の政策が支持されているわけでもないわけだから、とにかく自民党に、我慢できない部分を改めてくれ、という怒りでしょうね。それが強いということであって、社会党のだらしなさというのは知っているわけですから。

うちは、どっちかというと、権力政党にばかり片寄らず、少数政党の主張なり意見なり動きなりもフォローしようということで、社会党についても丁寧に報道しているんですが、社会党に政権をとなりますとねえ……。

G　ロッキードのときも自民党は敗北して、三木政権は苦境に立たされた。やはり選挙民の意識は汚職に影響されます。しかし、その程度の意識はすぐ元に戻る。疑獄直後の選挙の次は、いつも自民党が勝っているんですよ。

今回、自民党がダブル選挙を避けたのは、参院選で負けておいて、これでは社会主義政権ができてあなたの預金は目減りしますよ、と危機感を与えれば、総選挙では勝てるという計算ですよ。

――野党は本当に政権をとる気があるんですかね。

H　竹下が倒れて四〇日間、何もないですよ、国会周辺……。だから社会党は何をやっているんだといいたい。ほんとうにぼくはそれでね。

——全面的に同感です。

H　そんな熱気もない、政権とる意欲もないような政党に渡せというのも……逆に、野党にはもっとそういうものを示してほしいというのが率直な感想で。

——そうなれば、その動きを受けて新聞ももっと書ける。そういうことですね。

自民党が元の木阿弥というのでは、折角のリクルート報道も、その価値が半減する。ここからは有権者の出番で、それぞれの一票をぜひ政治改革につなげたい。

最後を、たいへん気になるE記者（司法担当）の証言で締めくくる。それは、国民の知る権利を代行する記者の取材活動が、権力機関である検察当局によって厳しく制約されているという内容のものである。広く一般の注意を喚起しておきたい。

検察リークはなかった

——警察で、捜査中の情報が新聞記者に漏れないようにするため、上から下への締めつけが年々厳しくなっているようですが、検察もそうですか。

E　検察もすごいですね。

——検察のほうがすごいという話を聞きますが。

E　ええ。検察のほうがものすごいです。本当に検事飛ばしちゃいますからね。今回のリクルート事件でも、途中ではずしていますね。

――どういう名目で？

E　こいつはこれだとかはっきりした名目はいいませんけど、二、三人はやられています。おそらくそうであろうと。辞めた人もいます。

――それは、彼らが新聞記者にリークした疑いがかけられたということですか。

E　ええ。

――検察官は新聞記者をどのように見ているのでしょうか。

E　上と下とでは意識が違います。下のほうは知的レベルもだいぶ似ていますし、仕事の内容もかなり似ていますから、仲間意識かな。だからわれわれが調べたことを知りたがることもあります。上のほうがわれわれを見る目は、出入り業者ですね。いうことを聞けということですね。つまり検察庁が情報を握っていて、おまえらはそのおこぼれにあずかっているんだという意識が強いですね。

――それは年代的にはいくつから上ぐらいですか。

E　五〇歳代以上ですね。四〇代まではまだ会話が成り立ちますね。ただ対等の会話は成り立ちませんね。

――自民党サイドがしきりに流した検察ファッショだ、検察の意図的なリークだ、というのは事実とまったく相反する？

E　例えばわれわれが取ってきたネタをぶつけて、感触で彼らも持っているなというのを確かめて紙面にのせますね。その感触とりの作業がリークだというならば確かにリークです。でもわれわれの知らない話を、実はこれこれで……ということは、まず絶対ないです。リーク説なるものも、いまいったレベルのリークなら確かにあります。

――それはリークというのに当たらないじゃないですかね。
E　と、ぼくらは思っていますけどね。しかし自民党のお偉方は、それすらやるなということでしょ。

リクルート報道のあいだ、検察庁側によって庁舎への立ち入りを禁止された社が相次いだという。極秘に進めている捜査の中身をすっぱ抜いたせいか、それとも書かれた記事の内容が事実に反していたためか、その理由は聞き漏らしたが、何はともあれ公共の建造物である庁舎に記者の立ち入りを一時的にせよ禁止するという検察側の措置は、それこそ検察ファッショに通じかねない。

自民党筋から流されるリーク説を打ち消すための検察のジェスチャーであった、という説もあるが、いずれにせよ各社各個撃破されてそうした措置に応じたのは、たいへん気にかかる。

紙面の競争は大いにけっこうだが、権力側とのせめぎ合いでは、全社が足並を揃えてほしい、というのが、本稿を終わるにあたっての注文である。

〝やらせ〟を問う

世の中にはNHK嫌いとでもいった人たちがいるが、彼らにしたところで、番組内容を民放と比較した場合、総じてNHKの方が質が高くそれなりに充実していることを認めざるを得ないであろう。

私もNHKにはいろいろと注文はあるが、聴視料を払って損のないメディアであると考えている。最も気に入っている番組はNHKスペシャルで、テーマによってはあらかじめペンとメモを用意してテレビの前に坐る。教えられるところが少なくないからである。

そのNHKスペシャルが『奥ヒマラヤ 禁断の王国・ムスタン』で〝やらせ〟を仕出かしたというので、大きな問題になった。

ムスタンはネパール王国の一つの行政区であって、王国などではないのだそうである。「看板に偽りあり」で、あたまから話にならない。

ところが、『週刊朝日』二月一九日号によると、〝やらせ〟を指示した五一歳のチーフディレクターは、八〇年放送のNHK特集『悲劇の巨鳥　アホウドリはよみがえるか』で科学技術長官賞を、翌年のNHK特集『これが鯨だ』で動物愛護映画コンクールの優秀賞を受賞した敏腕ディレクターであるという。

さらに、八四年からは三年間にわたって英国のBBCに勤務して、自然科学ドキュメンタリーの本家でその手法を学び、帰国後、NHK特集の大型シリーズ『北極圏』の制作に参加して、この番組で一七・四%という驚異的な視聴率を挙げたというから、巨大組織NHKの中でもエース格といえるであろう。

それほどの輝かしい実績を持つ彼が、『奥ヒマラヤ　禁断の王国・ムスタン』（以下『ムスタン』と略）の現地での撮影で、いやがるスタッフに〝やらせ〟を強要したばかりか、編集したものに虚構のナレーションをつけていたのである。

これまでにも、たびたび〝やらせ〟が露顕したが、いずれの場合も民放の仕業であった。しかし、汚染がNHKの看板番組であるNHKスペシャルにまで及んでいたとなると、私たちとしてはテレビのドキュメンタリーのすべてに疑いの目を向けざるを得ない。

いまここではっきりさせておかなければならないのは、〝やらせ〟とは何かということである。

過去に〝やらせ〟が問題となるたび、テレビ側から弁解とも反論ともつかず、次のような声が聞かれた。ドキュメンタリーには演出が不可欠で、演出が許容されないとなると映像として成立しない、というのである。

私には「演出」の意味するところがよくわからないのだが、右のような主張をする人たちの感覚に従うなら、いわゆる「再現」もその範疇に入るらしい。『ムスタン』に則していうと、人為的に流砂を起こしたのがこれに相当するのであろう。

番組制作にあてられる予算は限られており、したがって、撮影に費やす時間にも限度があるので、実際に流砂が起きるのを待っているゆとりはない。といったような事情はわからないではないが、だからといって、手っ取り早く自分たちの手で流砂を起こし、それをカメラにおさめてあたかも自然現象であるかのようにいつわることが、演出の名のもとに許されてよいのであろうか。

私の本業はノンフィクションを書くことである。この仕事はまことに効率がわるい。なぜなら、事実によってしか事柄を語ることが許されていないからである。

たとえていうなら、小説はラグビーで、ノンフィクションはサッカーということになろうか。小説家はいくらでも想像力を広げることができるが、ノンフィクション作家は同じ手を使うことができない。ひたすら事実の片々の蒐集に手間と時間をかけ、それを積み上げていく。

サッカーは、人間の意のままに動く両手の使用をあえて禁止することにより、わずかな点差を競い合うゲームとなって、ラグビーとは違った緊迫感を観客にもたらす。〝手〟をしばられたノンフィクションの書き手が目指すのも、不自由をくぐり抜けた末のゴール・ポストである。

もちろん、書き手がこっそり〝手〟を使う場面もないとはいえない。だが、そんなことをすれば、かりにその箇所が好都合に運んだとしても、かならず全体がそこなわれる。インチキくさくなるのである。いまここで具体例を挙げるわけにはいかないが、〝手〟を使った作品は一読してわかるとだけいっておこう。そうした作品にはろくなものがない。

テレビのドキュメンタリーづくりにたずさわっている人たちは、私たち活字メディアの人間にくらべると「事実」に対する認識が甘いのではないか。かねてからそう考えていたところ、今回の〝やらせ〟事件に関してテレビ・ドキュメント番組の草分けである牛山純一氏(日本映像記録センター代表)が二月九日付の読売新聞の「論点」に寄せた「事実にこだわる取材精神」と題する文章の中で、次のように論じているのが目についた。

〈私もドキュメント番組を開発したころ、「現場で事実に基づいて〝再現〟を図るのは真実に到達する一つの手段」と、それを許容していた。だが二、三年間制作体験を深めていくうちに、大小にかかわらず、この方法に疑問を感じた。何よりも、事実の再現は不可能だということを悟った。例えば宴会にしても、地球上の多くの社会では葬祭などの宗教上の意味合いを持つ。村人が広場に集まって祭事（食事が中心）を催す光景は撮影できるが、死者への追悼や祖先をしのぶ心情等、村人の生活感情の再現は到底不可能である〉

これではっきりした。「演出」云々は、昨日今日テレビではびこっている連中の世迷言に過ぎないのである。

牛山氏はこうも書いている。

〈同時代の人間の歴史をカメラの前にすえて、それを記録する、という誠に恵まれたチャンスをつかんでいるのに、安易な再現は逃避でしかない。新しい事実に遭遇し、既成概念をたたきつぶし、新しい世界を発見する。このたとえようのないドキュメント制作者の仕事の魅力を放棄してしまう。それなら、都会の喫茶店で安物の人間ドラマを考えていた方がよい。

さらに、再現を図るという心は高慢だ。異なった自然や文化から、何事かを学びとろうとする謙虚さとはうらはらの場合が多い。（略）

折にふれて世界のドキュメント界の先輩たちに「ドキュメントを作る上で最も大事な事」を尋ねてきたが、共通した発言は「心の誠実さだよ」という事だった〉

このようにきちんとした先達をいただいているにもかかわらず、なぜ、日本のテレビ界は〝やらせ〟が横行するいかがわしい業界に成り下がってしまったのであろうか。

もっとも、テレビ界のことばっかりをいってはいられない。『ムスタン』の〝やらせ〟をスクープで告発したのは、二月三日の朝日新聞であった。一面トップと大きく拳を振り上げたのだが、なんのことはない、自分も〝やらせ〟の仲間であることが判明する。同紙は二月九日付朝刊第二社会面にのせた〈上淀廃寺平瓦報道　取材活動に逸脱〉という訂正記事をのせた。

ことのいきさつをかんたんにまとめると、去年の一一月一二日、朝日新聞米子支局のA記者が地元の郷土史家と鳥取県西伯郡淀江町の上淀廃寺近くの古墳を取材中、郷土史家が斜面で平瓦を発見した。A記者は翌日、地元の歴史民俗資料館の副館長にその事実は伏せたまま現場への〝案内〟を求め、そのとき初めて平瓦を見つけたように演技をして、付近にいた町教委文化財主事に確認を求めた。同主事は「出土の状況がわからないから何ともいえない」と評価を避けたにもかかわらず、A記者は専門家の裏づけもとらないまま、一一月一五日付の紙面（大阪では一面、東京では第二社会面）で、〈鳥取・上淀廃寺の創建　法隆寺と同時期か　七世紀前半？　瓦片が出土〉と報じた。

この平瓦は上淀廃寺の創建時期を特定できるものではなく、記事の中で平瓦を発見した当事者のように書かれた淀江町教委は朝日新聞米子支局に抗議した。その結果、同紙は訂正記事と、合わせて「おわび」を掲載したのだが、A記者のしたことは、考えようによってはNHKの〝やらせ〟より悪質である。

たまたま時期を同じくして、マスメディアの中でも信頼度が高いとされている朝日とNHKの不祥事が表面化したことを、私たちはどう受けとめるべきであろうか。

巨大化した組織はいろいろな問題点を抱えている。であればなおのこと、そこに属するジャーナリスト個々人の職業的倫理が問われる。

このたびのことは、真摯さ、誠実さ、愚直さ、といった徳目がすたれつつある世の風潮と、どこかでつながっているような気がしてならない。せめてジャーナリストくらい、ストイックに生きられないものか。

「ジャパン報道」は歪んでいるか

東京に集中する外国メディアの記者

のっけにクイズを一つ出してみよう。日本に本拠を置く外国マスメディアの要員は何人いるか。

もちろん概数でよいのだが、答えられる人はきわめてまれであろう。正解は外国人五二一人、日本人三二五人、合わせて八四六人（九二年二月現在）である。その数の多さに驚かれるに違いない。

実をいうと、この私も、四月九日付『読売新聞』の「論点」欄にフォーリン・プレスセンター専務理事の北村文夫氏が寄せた「誤解なき対日報道への道」（以下「北村論文」と略）を読むまで、五〇〇人を超える外国人ジャーナリストがわが国に常駐していることを知らなかった。

彼らのほとんどが拠点にしているのは東京であるという。〈トーキョーは国際報道の面でワシントンにほぼ匹敵するセンターになったのである〉と北村論文に教えられて、おのれの無知を恥じた次第である。

さて、本題に入る前に、一般にはなじみのないフォーリン・プレスセンター（以下FPCと略）という組織について説明しておきたい。

国際化時代を迎え、とりわけ国際的影響力を強めてきた日本に諸外国の注目がいちだんと集中しつつあった一九七六年の一〇月、日本新聞協会と経済団体連合会の拠出により、FPCは財団法人として発足した。

その目的とするところは、諸外国のマスメディアを通じて、日本に対する正しい認識と理解を世界に向けて広げ深めるところにある。

日本を正確に海外に紹介してもらうために

FPCは外国報道関係者の求めに応じて、「正しく、無駄なく、速やかに」をモットーに、彼らの取材活動の手助けをしている。その具体的な中身は、北村文夫専務理事によるとこうである。

「ご存知のように、新聞記者ほど好奇心の強くて、奇妙きてれつな人物はいないと。しかし、いかなる奇妙な注文にでも応えてあげるのがわれわれの仕事だと。そういうことで私たちはやっているんですが、大まかにいってだいたい四つに分かれるんです。第一はいわゆるアレンジメントです。たとえば、盛田昭夫さんに会いたいとか、石原慎太郎さんにインタビューしたいとかといった個別的な要望に応じて、アレンジをしてあげるんです。これは対象が人の場合です。

そのほかに場所の指定があります。トヨタの工場を見学したいとか、正倉院の御物を見てみたいとか、そういうようなのもアレンジしてあげるわけです。

二番目は日本に関する資料の作成です。英語に対して特別敬意を払う必要はないんですが、たまたま英語が国際語ですから、私たちはいろんなサブジェクトごとに大量の英文資料をつくっています。パブリケーションと呼んでいますけれども、これが第二です。

第三が「プレス・ツアー」ということになるんですが、その説明をする前にちょっと別の話をしておいたほうがよいだろうと思うんです。

外国特派員は、東京一極集中なんですね。首都圏以外に住んでいる方は、たったの四人なんです。三人が大阪で、一人が広島。広島におられる方は、ブラジルでしたか、海外の邦字紙の関係者です。

一般のアメリカ人などにはおよそ理解できない東京へのオーバー・コンセントレーションが起きているわけですが、日本をバランスをもって海外に投影してもらうには、やっぱり東京だけじゃ困るんですよ」

たしかに、東京を見ただけでは日本はわからない。国土が狭いといっても日本列島は縦に長く、たとえば北海道と沖縄では、気候・風土や生物の分布からして、かなり趣を異にしている。自然環境ばかりでなく、そこに根ざした地方ごとの文化の多様性も、東京にいたのではわからない。

一方では、村おこし、町おこしなど、独自な変化を目指す動きが各地で活発化してきている。これは、工業化に始まった人口の都市集中を地方の側から見直す動きでもある。

天皇や沖縄返還二〇周年などに強い関心

北村氏の話を続けよう。

「これはやっぱり、何としても知ってもらったほうがいいんですよ。そのために、プレス・ツアーというのをやっているんです。フォーリン・プレスセンターがオーガナイズして、アポイントメントをとって、汽車やホテルを予約して、実費をいただいてお連れするんです。

東京の特派員は、韓国、台湾、フィリピンなども合わせ受け持っている人がほとんどで、そう長くは東京をあけられませんから、ツアーは一泊二日というのがルーティンです。長くて二泊三日。日帰りを含めて年に二〇回ほどやっています。

第四番目は、外国プレスがとくに強い関心を持っているテーマについて、うち（日本プレスセンタービル六階）の記者会見室で、専門家、学者、評論家などを招いてブリーフィングをやってもらうんです。ごく最近では、沖縄返還二〇周年の日米関係の意味とか。これは東大の渡辺昭夫教授にお願いしました」

やや古いところでは昭和天皇が亡くなったとき、日本文化と天皇とか、新憲法のもとでの天皇とかといったテーマで、連続五回のブリーフィングを開いた。これは沖縄返還二〇周年のときと並んで非常に人気が高く、約六〇人も集まったという。

やや説明が長くなったが、これでFPCの仕事の内容がだいたいおわかりいただけたと思う。

誤解のないようにつけ加えておくが、FPCのやっていることは広報活動ではない。その基本方針は「アポン・リクエスト」、つまり先方の要請に応じることであって、求められもしない資料を押しつけたり、望まれたわけでもない場所に案内したりはしない。その点に関しての北村氏の言葉はこうである。

「たとえば、昭和天皇がお亡くなりになった前後、多くの記者がここに見えました。その中には、当然のことですけれども、天皇に批判的な方もいるわけです。そういう方は、当然のこととして、日本での天皇に批判的な人に会いたいわけです。その要請に応じてあげるのがわれわれの義務です。そのときに、あなたの取材は偏っていますとか、あるいは、こういう人にお会いになればもっといい記事が書けるのではないでしょうかとか、そのようなことをこちらからはいいません。外国プレスの一人一人が持っている職業的なインテグリティ（誠実さ）というか、職業的な責任というか、そういうものを自明のこととして、要請に応じるのです。ただし、私はこういう人に会うけれども、これだけでテーマをバランスよく解明できるか、といったようなことを訊《き》かれれば、常識的な意見を申し上げます」

あいまいなままに〝鎮静化〟した「小錦発言」

北村文夫氏は一九五五（昭和三〇）年に東大法学部を卒業して読売新聞社に入り、外報部で記者生活の大半を送った。その間、カイロ、ベイルート、ロンドンの特派員を歴任し、国際担当の解説委員になってからも、一年のうち八〇日前後は海外を飛び歩いたという国際派ジャーナリストである。八八年八月に読売を依願退社し、翌月一日付で秋山光路理事長（元駐オランダ大使）に次ぐ専務理事としてＦＰＣに迎えられた。個人的なことをいえば、私とは読売で同期である。

『読売新聞』に掲載された北村論文は、次のように始まっている。

〈個人の間でも国の間でも、相手の立場や意見を正確に把握していないために、しばしば誤解や摩擦が生まれる。互いに誤ったイメージを抱き合うことで、冷静であるべき議論が感情的にもつれてしまう〉

北村氏は論文の中でまったく触れていないが、先頃、日本国内で大騒ぎになったいわゆる小錦問題は、右に該当する典型的な例といえるであろう。

人の噂も七十五日というが、五月場所を前にして持ち上がったこの騒動は、曙が賜杯を手にするより早く〝鎮静化〟し、いまやどのマスメディアも健忘症にかかったかのごとくである。この状態はおかしくはないか。

小錦問題とは、取りも直さず、相撲界における人種差別問題である。大関として七七月場所に登場する曙は、名実ともに横綱への最短距離に立つ。事柄の本質からいって、同じくハワイ出身者である彼のうえに、〝小錦問題〟は重なり合う。

日本相撲協会の出羽海新理事長は、五月二八日、外国人記者クラブでの記者会見で小錦問題に関する質問を受け、ふだんの言動からして小錦には力士としての自覚が欠けていること、将来は外国人力士の数の制限を検討しなければならないかと考慮中であることなどを語ったが、小錦問題についての明確な見解はついに聞かれずじまいであった。この相撲界の新しい指導者は、公式に態度を表明せず、あいまいな形のまま幕引きするという日本の伝統的な処理方法を演じたのである。

そこで、いささか長めになるが、北村論文のエッセンスに相当する箇所を次に引くことにしよう。

〈日本が工業民主主義体制の主要メンバーになったことから、外国人ジャーナリストの大多数は、日本が先進諸国と共通のルールやシステムを多分に分かち合っていることを予期しつつ、対日報道の第一線に乗り込んでくる。

この意気ごみは、取材の過程でしばしばくじかれる。外国プレスを欲求不満におちいらせるものの正体をさぐってゆくと、日本の「特殊性」を前提にした情報発信のやり方と、内外マスコミへの差別対応の二つに突き当たる。このうち差別障害は、いくつかの官庁や民間組織の協力で少しずつ低下しているものの、ニュース・ソースへのアクセス（参入）にもまして大きな難問になっているのは、日本側が発信するニュースの質である。外国マスコミの友人の多くから「日本発のニュースはあいまいで含みが多く、長い背景解説を書かないとその意味を伝達できない。だから、明快なニュースを求める本社編集部のデスクで日本関連のニュースは虐待される」といった趣旨の不満をきかされる。

例えば「ノー」の含みを「前向きに検討する」という言葉で表現するやり方である。こうした声は、アメリカ人記者の間でことに強い〉

私たち日本人は、とかく物事をあいまいなかたちで運びがちである。その確認ができたところで、話を先へ進めよう。

悪意に満ちた人種差別意識論文

ふたたび小錦問題である。いまさら過ぎたことを、とお思いの方もあろうが、前で述べたように、この問題にはけりがついていない。それに、日本と諸外国（とりわけアメリカ）とのあいだの情報ギャップを検証するのに、これほど恰好の材料はない。実際にどれほどわかっているかは別にして、だれもが知っている問題だからである。

小錦問題の火種になったのは、横綱審議委員会の委員である作家児島襄氏が『文藝春秋』四月号に発表した論文「『外人横綱』は要らない」である。ご承知のとおり、これは横綱に求められる「品格」について論じたもので、これを外国人力士が身に備えるのはいかに難しいかを縷々《るる》説いたうえで、〈相撲の頂点に立つ横綱に資格要件を満たさない力士をすえるのは、国技相撲が担う日本の精神文化の自己性の放棄につながることになる〉と主張し、〈相撲の国際化を進めていくと、〈相撲は「無秩序」状態におちいって、土俵は善玉、悪玉のパフォーマンスの場となり、力士は肥大タレント集団と化し、「心技体」は「金戯怠」といいかえられてしまうのではないか〉と、それこそ「品格」に欠けた表現まで用いて、相撲の将来を憂えているのである。

これが発表されると、他の横綱審議委員たちが次々に反対意見を表明し、世論の大勢も児島批判が占めた。それもそうだろう。時代錯誤のひどい文章である。

前記の児島論文のタイトルは、思うに編集部がつけたものであろう。本文の中で児島氏は「外人横綱は要らない」とは一言もいっていない。しかし、全体を通して読めば、そういう結論になる。

小錦八十吉（本名サレバ・アティサノエ）の個人名も、ただの一度も挙げられていない。だが、彼の横綱昇進問題を踏まえて書いた文章であることは疑う余地がない。

小錦を横綱にするのは反対である、とはいわず、外国人横綱は不要である、とも書かず、つまり、肝心なところはあいまいにしておいて、悪意に満ちた人種差別意識は露骨にあらわにする。児島氏は日本を代表する作家ではないが、この論文は日本語で書かれたあしき文章の代表例の一つに数えられよう。

『文藝春秋』四月号が発売されてから一〇日経った四月二〇日、『日本経済新聞』は夕刊一面の「地球人」という欄に小錦を登場させ、彼に胸の内を語らせた。左に引くのは、その記事の抜粋である。

〈「厳密に言えば、これは人種差別だよ。金髪や黒人だったらどうなのか。今回、（横綱に）なれなかった理由は一つしかない。それは僕が日本人じゃないからだ」

これを隣で聞いていた大関霧島が「そんなことを言うから誤解されるんだ。ただ、星（勝ち星）が足りなかっただけだよ」とたしなめた。しかし、小錦はすぐ「違うよ」と言い返し、「人種差別」にこだわり続けた〉

小錦は大阪場所で三度目の優勝を果たしていた。右の記事を読んで知ったことだが、本人はそれで横綱になれると考えていたのである。

『ニューヨーク・タイムズ』の記事を検証する

ちょっと私見をさしはさませていただくが、その考えは甘い。かりに私が横綱審議委員であったとして、その時点で小錦の横綱昇進を諮問されたとしたら、強く反対していたであろう。

例のノミの心臓が災いして、ここ一番というときに弱い。プッシュに足がついていかず、土俵際でばったり前へ落ちたり、横から攻められるとたちまち体勢を崩して土俵をあっけなく割ったりする弱点が、いっこうに克服されない。安芸ノ島など苦手とする力士が多過ぎる。

私はかげながら小錦を応援してきた一人で、彼が綱を締める日を待ち望んでいた。過去形を用いたのは、五月場所をテレビ観戦して、小錦にはもう二場所続けて優勝する力は、気力を含めて残されていない、と判断したからである。

お断りするまでもないと思うが、私が右で述べたのは、人種差別とは別の次元の問題である。日本は差別社会であるのだから、古い体質の相撲界で人種差別がかなり激しいであろうことは容易に察しがつく。しかし、小錦が横綱になれなかったのは、「外人だから」という理由からだけではない。私はそう思う。小錦の考えが甘いという所以はそこにある。

『日経』で小錦の発言が紹介された翌四月二一日、ニューヨーク・タイムズ東京特派員のデヴィッド・サンガー記者は一本の記事を本社へ送った。

〈日本のスポーツ界で文字通り最大のスターである体重五七六ポンドのアメリカ人小錦は、今日、日本で最も伝統的な組織の一つへの直接的な挑戦として、彼が相撲界の最高位への昇進を拒否されてきた理由は、〝純然たる人種差別〟にあると述べた。

サモア生まれのこの巨漢力士、小錦（本名 Salevaa Atisanoe）は、外国人力士を横綱にすべきかどうかという議論が日本でとみに政治的色彩を帯びてきても、これまで発言を控えてきた。しかし、先週末の日本の代表的な経済紙でのインタビューに続いて、今日のニューヨーク・タイムズの電話でのインタビューに対して、「これ以上、自分の感情を抑えることができない」ので沈黙を破ることにした、と答えた。

「もし自分が日本人だったら、もう横綱になっていただろう」と、小錦は今日、巡業先の宇都宮で語った〉

右に引いたのは、アメリカの日付で四月二二日の『ニューヨーク・タイムズ』に掲載された、サンガー特派員の記事の冒頭部分である。

この記事が現地の日本人特派員たちによって要約され東京へ転電されると、日本国内はたちまちマスコミを挙げての大騒ぎとなった。

今度は相撲に事寄せての日本叩きか、と受け取った向きも少なくなかったようである。

妥当で公正な客観報道記事

かつて、私はほぼ毎年のようにアメリカへ行き、そのたびに一カ月前後は滞在していたのだが、数年前に病を得てからは日本国内にとどまることを余儀なくされている。したがって、最近のアメリカの実情は知らない。つまり、マスメディアを通じて情報を得ているだけであるのだが、その限りにおいて、いまのアメリカは全体的に苛立っているように見受けられる。

正直に告白すると、サンガー特派員の記事の要約を目にしたとき、あの『ニューヨーク・タイムズ』まで日米関係に神経質になっているのか、そうだとしたら困ったことだ、という不安な気持ちを持った。

政府の国会答弁のようになってしまうが、日米関係はわが国にとって最重要である。平和憲法の精神を厳格に守り続けなければならないと考えている私の立場からは、日本に向かって自衛隊海外派遣の道を開かせるべく圧力をかけ続けたやり口など、アメリカの軍事超大国ぶりには大いに文句があるが、日米両国の関係は良好に保たれなければならないという基本認識は、一貫して変わっていない。

そのためには、マスコミが本来の役割を果たさなければならない。双方のメディアが、「嫌米」と「反日」の感情を投げつけ合っていたのでは、関係がそこなわれるばかりである。

ところで、小錦問題の起爆剤となったサンガー特派員電のコピーを取り寄せて全文を読んでみると、この記事自体には非難されるべき要素は何一つ含まれていないことがわかる。書かれていることはすべて、いわゆる客観報道主義に基づいた〝ファクツ〟（事実）であり、日本人の感情に照らしても妥当で公正な記事である。納得していただくために抜粋してみよう。

〈しかし、小錦にもまだ横綱のチャンスはある。もし次の場所で優勝すれば、相撲界の規定に照らし合わせても、彼の昇進を拒否することは想像しにくい。だが、小錦は二場所連続優勝できないだろうというのが大方の見方だ。二八歳というのは、力士のなかではすでに高齢の部類に属しており、また彼は膝の故障を抱えている。しかし、彼は、安定した足の運びと、折々の自信に欠けている点も認識している。

今日、彼は、「ぼくはこういうことが自分の精神状態に影響しないように努力している。いつもと同じ年取った小錦さ」といった〉

前で私は、五月場所にのぞもうとしていた小錦に関して、私見を述べた。昭和ひとけたは幼いころから相撲に親しんでいるので、昨日今日のファンよりはるかに目は確かである。その私が感心するほど、サンガー特派員は小錦自身および彼を取り巻く状況を正確に把握している。

とくに強調しておきたいのは、小錦問題についてサンガー特派員は個人的な意見を一言も吐いていないということである。あくまでも客観報道に徹していて、もちろん日本の人種差別を難じたりはしていない。

〈……横綱になるには単に技量が優れているだけでは不十分だというのは、衆目の認めるところである。横綱は高潔な日本の魂を具現するものであると考えられており、それが力士たちがこのタイトルを切望する理由の一つになっている。小錦を過去三〇〇年間でわずか六〇人ほどしかいない横綱にすることに反対する人たちは、非日本人は横綱にふさわしい威厳の香気、日本語でいう品格を持ち得ないといっている〉

これで『ニューヨーク・タイムズ』の記事の穏当さが納得いただけたであろう。日本叩きという非難はまったく当たらない。いや、小錦発言を取り上げること自体が日本叩きだ、というのであれば、私が反問したい。では、『日経』の記事も日本叩きか、と。

電話取材は手抜きなのか

ところで、『読売新聞』といえば、日本で最大の発行部数を誇る有力紙である。その五月一日付朝刊「とれんど」欄に、「小錦発言報道の教訓生かせ」の見出しをつけた〝ユニーク〟な文章が載ったのをご存知であろうか。筆者はH論説委員である。なぜこの文章が〝ユニーク〟であるかといえば、日本の有力紙である『読売』がアメリカの有力紙である『ニューヨーク・タイムズ』に向かって、喧嘩を売ったと思わせる体《てい》のものだからである。論争を挑んだのであれば奇とするに当たらないが、これはやはり売り言葉と解すべきであろう。有力紙にはふさわしくない珍なる文章である。

〈大関・小錦の「人種差別発言」をめぐる報道のあり方に疑問を感じた〉H記者は、〈小錦が「差別発言」をしたか、しなかったかを追及するより、相撲社会が外人に公正に開かれているかどうかを議論する方が建設的だと思う〉という。お説のとおりで、ここまでに関して私は何の異論もない。

〈問題は、東京発の米報道を転電することで、時に日本人の対米感情を悪化させ、誤解を増幅させる恐れがあることである。日米両国で対米、対日不信感が増大し、感情的な批判が目立っている時、日米のメディアは相手国の慣習、国民感情に十分配慮して報道すべきだろう〉

これも、まあ、一般論としては素直に聞ける。問題はその先で、H記者は自ら述べた言葉をにわかに裏切り、読者の対米感情を悪化させ、対米不信感を増大させるような感情的批判を書き連ねるのである。

まず、『ニューヨーク・タイムズ』の東京特派員が、AP通信などが『日経』のコラムを転電した後、本社の問い合わせで取材を始めたという伝聞に基づいて、こう書く。

〈APが報道し、本社が問い合わせたからと言って、なぜ電話取材で済ませたのか?もう少し時間をかけて取材できなかったのか?〉

私はH記者を個人的にはまったく知らないが、たしか前アメリカ総局長のはずである。アメリカでは電話取材が早くから社会的に認知されていて、政・財界の要人や高名な学者たちでも、もったいをつけたりせずに電話口でインタビューに応じるのを、知らないはずがない。もちろん、日本国内でも、日常的に行われている。H記者自身もやってきているに違いない電話取材を、『ニューヨーク・タイムズ』東京特派員の今回のケースに限って、いかにも手抜きをしたかのようにいうのは、きわめてアンフェアである。

また、特集や連載などの企画物なら話は別だが、ニュースの取材にもっと時間をかけろとは、ひどい難癖をつけたものである。

〈同紙(ニューヨーク・タイムズ)は、二日後(小錦に)直接取材し、差別発言否定の記事を載せ、同時に「西側報道の日本批判にいつも過敏になる日本側プレスの大騒ぎぶり」に触れている〉

この前段の部分だが、これだけを読んだ人は、『ニューヨーク・タイムズ』が二二日付の記事を〝修正〟したとも受け取りかねない。そういうあいまいさを残した表現となっている。では、二四日付の同紙は、それに相当するくだりをどう書いているのか――。

〈今夜（二三日夜）、……小錦は、最初に告発と書いた日本の新聞の〝誤解〟が続いてきたと述べ、それによって騒ぎをおさめたい意向を示した。小錦はまた、ハワイ人である彼の付け人が、火曜日のニューヨーク・タイムズの電話インタビューに対して、小錦本人を装って答えた、と述べた〉

これまでに明らかにされている事実を総合すると、小錦が『日経』のインタビューに対して「人種差別発言」をしたのは疑いもなく、宇都宮で電話口に出たのも小錦本人に間違いない。私はそう確信している。サンガー特派員もきっと同じ判断であろう。したがって、記事を〝修正〟する道理がない。

内と外に向けての明快なニュースの発信源に

さて、いよいよH記者による文章の〝圧巻〟である。

〈日米間で感情的な「言葉の戦争」がエスカレートしている時、「米有力紙」の報道をそのまま転電することが良いことかどうか。「米有力紙」がすべて信頼できるわけではない。現にタイムズ紙の小錦報道と同じ紙面には、同紙の訂正記事が五本も載っていた。

今必要なことは、日米両国の現状を冷静に取材し、報道する姿勢だ。自戒をこめて、外国「有力紙」の転電には気を付けたい〉

五本の訂正記事とは驚きだが、それをもって『ニューヨーク・タイムズ』を信頼するに価しない新聞であるかのようにきめつけるのは、いかがなものであろうか。紙幅の関係でその問題には立ち入らない。

『ニューヨーク・タイムズ』の小錦報道について発言するのであれば、何よりもまずその中身が検証されなければならない。それをまったくしないでおいて、感情的な「言葉の戦争」を仕掛けるのは、フェアな態度ではないと知るべきである。

それにしても、わが国の有力紙がこのたびの騒ぎを通じて得た教訓が転電の厄介払いであったというのは、こちらの心を暗くさせる。

一八年前を思い出してみるがよい。『文藝春秋』に立花隆氏の「田中金脈の研究」が載ったとき、これを読んだ日本の政治部記者たちは、「あの中に書かれているのはおれたちの知っていることばかりだ」などとうそぶいて、あわてもしなかった。だが、東京の外国人記者クラブが立花隆レポートに注目し、東京電が世界各地から打ち返されてきたのが連続的な衝撃となって金権総理を襲い、それがきっかけで田中内閣は総辞職へと追い込まれていったのである。

これは飛び抜けて大きなケースだが、政治家の失言や暴言が転電されてきて日本国内に波紋を呼んだ例はいくつもある。
「アメリカには黒人、プエルトリコ、メキシカンが相当多くて、平均的に見たら（知識水準は）まだ非常に低い」（八〇年八月・中曾根康弘首相）
「クレジット・カードが盛んな向こう（アメリカ）の連中は、黒人とかいっぱいいて、『うちはもう破産だ。明日から何も払わなくていいよ』、それだけなんだ。ケロケロケロ、アッケラカーのカーだよ」（八八年七月・渡辺美智雄自民党政調会長）
「悪貨が良貨を駆逐するというが、アメリカに黒（人）が入って白（人）が追い出されるというように、（東京・新宿は）混住地（になっている）」（九〇年九月、梶山静六法相）
「米国が日本に頭を下げ、自動車の下請け工場になるのは情けない。労働者の質も悪い。三割くらいは文字も読めない。これでは不合格品も出る」（九二年一月、桜内義雄衆院議長＝以上、肩書きは発言当時のもの）
転電されてくるのは、国内の日本人ジャーナリストたちが知っていながら、意識的に報道しなかったもの、ないしは、ニュース・バリューの判断を誤って、小さな扱いしかしなかったもの、または、彼らの問題意識にまったく引っかからなかったものなどで、つまりは日本マスコミ界の欠陥部分や弱点を補う役割を、結果的に果たしているのである。それをせき止めようとする議論は、どこへつながっていくのか。

この稿は北村論文で始まったのだから、北村論文で締めくくるべきであろう。

〈相次ぐ政財界スキャンダルの土壌として、日本社会の不透明さが指弾されている。内と外の双方に向けた明快なニュースへの発信努力は、ひいては私たちの社会の透明度も高める、という歓迎すべき作用をもたらすにちがいない〉

これが北村論文の結論である。

FPCは総勢三〇人の小さな世帯だが、担っている役割は大きい。東京が一日も早く内と外に向けての明快なニュースの発信源になることを念じながら、スタッフのいっそうの活躍を期待したい。

ニュースの受信者の側に回っているときの私が望むのは、技量、品格ともにすぐれたジャーナリストの登場であって、人種はまったく問わない。国家や民族を意識しすぎた報道は、人を誤らせる危険性をはらんでいる。透明さ。それを担保するものは、帰属意識の領域を超えたところにあると知るべきであろう。

政治的「政治記者」の体質

新聞記者の条件

いわゆる「西山事件」をきっかけとして起こった政府と新聞のあいだの「表現の自由」論争は、佐藤前首相の退陣ということもあって、いつの間にか、しりすぼみになってしまった感じである。

かつての新聞記者仲間に会っても、この話題には、つとめて触れたがらないふうさえある。私も、去年の春まで、一六年間、新聞社に籍を置いた。だから、仲間の気持は、十分察することができる。

しかし、ここで「派閥記者」について語ろうとするとき、どうしても、この「西山事件」を避けて進むことはできない。

週刊誌で主としてとりあげられた例の「スキャンダル」は、私にとって、まったく関心の外である。問題は、彼、西山記者を含めて「派閥記者」が「新聞記者」であるのか、ないのか、というところに尽きるであろう。

この場合の「新聞記者」とは、彼ら自身が世間に向かって標榜してきたような新聞記者ということであって、他の意味はない。いささかの注釈をこころみるなら、反権力の姿勢を堅持して、国民の「知る権利」にこたえるべく、日常の取材活動を続けている人びと、ということにでもなろうか。

そこで、もし「派閥記者」が、国民の側にではなく、権力の側に立っているのだとしたら、「西山事件」は、彼らが声高に唱えたような「表現の自由」などという大それた問題ではないことになる。残念ながら、私には「派閥記者」が新聞記者であるとは思えない。

西山記者個人については、直接知るところが少ないので、彼と並び称された同年輩の別の「派閥記者」について話すとしよう。その人物をかりにAとしておきたい。

Aは、物故した自民党の某党人派実力者のブレーンを以て自任していた。というより、その派閥内で、実力者に次ぐ〝No.2〟の地位にあったといった方が早いかも知れない。

各派閥は、それぞれの事務所を構えていて、各種の会合はそこで開かれる。各社の派閥担当記者と実力者の記者会見もその一つ。

さて、記者が集まると、Aは「これから××先生の会見を始めます」といって、中央にどっかり坐る。だが、実力者×先生は別室で麻雀に興じたりしていて、会見の場にはあらわれない。記者連中の質問にこたえるのは、なんとAなのである。

私は、新聞社生活の大半が社会部暮らしで、その場に居合わせたことはないが、政治部筋ではだれ一人知らないものはない語り草になっている。

向う側からの発言

私自身の体験では、こういうことがあった。その実力者が死んだとき、故大宅壮一氏が、ある民放の取材にこたえて、彼を「恥部を頭の上にのせているような政治家」と評した。その放送をきいて激昂したのが、派閥の代議士たちである。「葬儀も終らないうちに、故人に対して、何たる侮辱」というわけで、その民放と大宅氏を名誉毀損で訴えようという騒ぎになった。

そのことを、政治部デスク経由で社会部デスクに知らせてきたのが、Aの下で同派を担当していた政治部の先輩記者であった。私が電話口にかわって出ると、彼は「すぐ川崎にきてくれ」という。

とっさに私が抱いた疑問は、なぜ彼ら派閥の代議士たちが、およそ故人とゆかりもありそうにない川崎などに集まっているのだろうか、ということであった。ところが、それは勘違い。川崎は川崎でも、工業地帯の川崎市ではなく、赤坂の料亭「川崎」のことだったのである。

その「川崎」に車でかけつけた私は、玄関をあけて、出てきた女中に社名を告げた。

女中は、けげんそうに私の顔を見て「ともかく表に回って下さい」という。玄関だと思ったのが、実は勝手口だったのである。お内儀らしい女性に案内されて通されたのは、片隅にバーをしつらえた洋風の広間であった。

そこへ、真っ赤な顔をしたモーニング姿の一団がドヤドヤとあらわれた。派閥の代議士と担当の記者連中である。Aも、当然、その中にいた。

「いったい、こういうことを、新聞記者として君はどう思うかね」と口火を切ったのがAであった。どうも、こうもない。私は、電話で初めて出来事を知らされたのである。その放送の内容をたしかめたうえでなければ、判断などできるわけがない。驚いたことに、居合わせた代議士も、政治部記者も、だれ一人、放送をきいていない。何でも、一人の代議士の運転手が耳にしたのだという。つまりは、またぎき。

そうした事情にもおかまいなしに、アルコールのはいった彼らの気炎は、エスカレートする一方であった。その民放の社長を、国会へ呼びつけろと怒鳴るもの。言論の行き過ぎだから法的に規制する必要があるとがなり立てるもの。

しかし、政治部記者たちは、物理的にも〝向う側〟に立っていて、それをたしなめようとはしない。

何よりも、まず、事実を確認する必要があるだろう。それもしないで、すぐさま言論を云々して規制を加えようとする態度には賛成できない。私は、控えめにだが、そんな意味のことを代議士たちに向かっていった。他人事ではない。

社へ戻った私は、大宅氏の自宅に電話を入れて、直接本人に発言内容をたしかめた。

「何度でもいいます。告訴するならしたらいいでしょう。彼（実力者）は、恥部を頭の上にのせたような古いタイプの政治家です。日本にとって、どれだけ害になったかわからない。あなたも、そう思いませんか。

だいたいボクは、新聞もいけないと思っているんだ。死んだからといって、どこもここも、なぜ急にほめあげなければならないんですか」

一部始終がこの通りではないが、大宅氏の語調は、きのうのことのように耳に残っている。先輩記者のあいだでは、大宅氏について一つの〝伝説〟があった。コメントを求めると「賛成がいいですか。反対にしますか」とこちらの〝注文〟をきいて、どのようにも立ちどころに答えるというものである。

だが、この一件で、私は大宅氏をジャーナリストの先達として、ひそかに尊敬するようになった。それこそ、だれの庇護も受けない一匹狼である。それでいて、歯にキヌきせず物をいうのは、できそうに思えて簡単なことではない。

ミイラとりがミイラに

私が勤めていた新聞社では、明らかに誤った紙面製作を編集局に押しつける上層部に対して、知るかぎり、これを改めさせようと意見具申をしたものは、ただの一人もいない。社の上層部は、機関銃で脅すわけでもない、生ヅメをはがして、その上にロウをたらすわけでもない。批判に立ち上がったとしても、社内権力の報復は、左遷がせいぜいで、「辞表をフトコロに」などという大げさな思い入れも無用なのである。

その程度の〝社内の敵〟に物をいえないのが、かつての軍部のように強大な敵から、どうして「表現の自由」を守れるというのであろう。

「派閥記者」に話を戻して、彼らは、それこそ「ミイラとりがミイラになる」ように、自分の任務を忘れがちである。その結果、無意識のうちに「言論弾圧」に動いていることにも気づかない。

あれは、三五年、岸首相（当時）が、安保調印のため渡米する日のことであった。私はデスクに命じられて、その朝の岸氏の表情を夕刊社会面の「雑感」にまとめるため、渋谷・南平台の官邸に出された。

前夜からの雨で、こちらの気の持ちようか、暗い朝であった。全学連の「渡米阻止」闘争が盛り上がっていて、岸氏の表情も険悪だったのを覚えている。だからといって、そこは「客観報道主義」の新聞のこと、雑感とはいいながら、さして「反政府的」な原稿を書いたわけでもない。

だが、同じ社の政治部の〝岸番〟の記者が、ザラ紙に4Bのエンピツを走らせる私の右隣に坐って、いちいち、まことにうるさいのである。

「君、ここのところの表現だが、もう少し穏便に頼むよ」

「そこんとこ、もうちょっと、何とかならないかな」

「ここのところ」は、暗い雨が降っているという話。「そこんとこ」は、岸氏の表情が、心なしか冴えないというだけのこと。別に「岸を倒せ」などと、不穏当な表現をしているわけではない。これでは、新聞記者どころか、新聞記者の〝敵〟である。

南平台の首相官邸については、もう一つ思い出がある。いまはどうなっているか知らないが、この官邸は、当時、高峰三枝子の持ち家であった。たまたま、向かって右隣が岸氏の私邸であった関係から、首相就任後、官邸として借り上げたものである。

岸首相の渡米前、南平台の一画は、全学連の連日のデモで、居住区としての機能がほぼ失われてしまった。そのありさまを、ある日ルポするように、私はいいつかった。記事の最後に、なんとなく大家の談話が欲しい。そこで、築地で料理屋をしていた高峰に電話を入れた。質問はただ一つ。大家として、この店子をどう見るかというものである。彼女は、いみじくもいった。

「えらい方にお貸ししたものですわ。岸さん、一日も早くおやめになるのがいいのよ」

人気稼業の女優にしたところで、言うべきときには物を言うのに――

警察官の上前をはねる

率直なところ、私は新聞記者時代に「派閥記者」が仲間だという気がしなかった。程度の差はあっても、各社の社会部記者は、だいたい私と同じような気分でいると思う。仲間だと思いたいのだが、どうも川の向う岸の存在としか映らないのである。新聞社という一つ屋根の下にいて、政治部の「派閥記者」と社会部記者は、水と油ほどに違う。その最たるものは、金銭感覚であろう。

社会部記者は、こと金銭に関しては、極端なまでに潔癖である。もちろん、例外はある。同じように、政治部記者はすべてルーズだというわけではない。

しかし、政治部記者で政治家に酒食の供応を受けたことのないものは、皆無ではないか。そこのところが、社会部記者と違う。

もっとも、社会部記者にだって、いわゆるタダ酒の風習がまったくなかったわけではない。

私が新聞社にはいって、都内のサツ回りに出された昭和三〇年当時、署長クラスの異動のあとなど、方面単位で、署長連中と記者クラブのメンバーの懇親会が開かれるのが通例であった。この場合、クラブ側は招待されるのがならわしになっていた。

それが、私たちの時代から、会費持ち寄りというふうにかわった。それをいい出したのはクラブ側である。あるいは、いままた逆戻りしているかも知れないという懸念がないではないが、少なくとも私がサツ回りであった三四年春までは、私が歩いた範囲に関するかぎり、旧来の風習は改められていた。

そういう懇親会の席上、たまたま、クラブの幹事をしていた私のところへ方面本部長がやってきて、握手を求めながら、こういったのを思い出す。

「お互い、最近は、いくらか程度がよくなりましたね。昔は、警察官もわるかったけど、新聞記者にも随分わるいのがいましたから」

彼にいわせると、わるい警察官の上前をはねたのが新聞記者だったという。交番に立番している巡査が、食事時になると、通りがかりの豆腐売りを呼びとめて、お菜用にガンモドキのたぐいを召し上げる。そうした巡査たちの親分である署長のところへ、ちょくちょく新聞記者が酒食をたかりに現われる。彼がしたのは、そんな話であった。

古い記者たちがよくいうことだが、戦前、貸家があり余っているころにも、新聞記者には家を貸そうとしなかったそうである。新聞記者は、世間的に、ゴロツキと見られていたのであろう。結婚も思うにまかせなかったとの述懐をきかされたこともある。

だから、新聞記者がタカリをしなくなってきたのは、モラルがどうこうというよりも、彼ら自身の世渡りのためといった方がよいのかも知れない。うさん臭い眼で終始見られているかと思うと、職業人として、これほど情ないことはない。

「新聞記者ですか。いいですね。ヨロクが多いでしょう」などと年輩の人にいわれて、腐り切った経験が何度かある。

大臣とクラブでバクチ

社会部記者が赤提灯で焼酎を飲んでいるとき、ジュウタンを敷きつめた応接間でジョニ黒を飲んでいるのが政治部記者だという表現がある。この差は、取材対象の違いからくるもので、これまで「派閥記者」を責めてはいけないのかも知れない。

しかし、社会部記者のあいだで、しばしば「政治部の奴らは、どうして、あんなにカネを持っているんだろう」という会話がかわされるように、〝貧富の差〟は、記者そのもののフトコロ工合にまであらわれている。

外聞を憚る話だが、記者クラブには麻雀台が用意されてあって、ニュース待ちのあいだ、記者たちは、チャカラ麻雀と呼ばれる、一和了ごとのゲームで時間をつぶす。社会部記者が主力のクラブでは、賭け金もごくわずかで、一〇〇円玉が二、三個行き来するにすぎない。乞食のバクチとはいわないが、客待ちの車夫馬丁のチョボイチ程度がせいぜいである。

これが、政治部記者が中心のクラブとなると、金銭のやりとりも、一〇〇〇円札単位にはね上がる。わずか数分のゲームでこれだから、物の一時間も続けていれば、最低万単位の金の移動が行なわれる。同じ給与ベースなのに、社会部記者と政治部記者では、着ている洋服からして違う。いったい、どういうわけなのだろう。

いくらか前の話だが、社会部の先輩がこんな話をしていた。彼が当時属していたクラブには、政治部記者と社会部記者の双方が詰めている。そのクラブに、折りを見ては、大臣がやってきて、オイチョカブという花札バクチに記者連中を誘う。この場合、テーブルにつくのは、政治部記者の中の限られた何人かと決まっていて、大臣のオヤでゲームが始まる。

そこがカラクリなのだが、その大臣は、オヤしかしない。彼がうしろに立って見ていたら、大臣は、二枚でオイチョやカブになっても、ためらわず三枚目をひく。

善良な市民のために解説するなら、オイチョは8、カブは9。役を除くと9が最高の手だから、十中八九、それで勝ちである。三枚目をひく必要はさらさらないし、もし手違いでそんなことをすると「オイチョ法違反」ということになって、子のすべてに罰金を払わなければならない。それをあえてひくのは、いうまでもなく、作為である。こうして、ものの二、三〇分のうちに数十万円を散じた大臣は、さっぱりした顔つきで、大臣室へと引き揚げていく。

別の社会部の先輩によると、ある大臣の地方行きに随行したところ、車中で秘書が記者たちに現金入りの封筒をくばって歩いた。断わるものは一人もいない。彼も、仕方なく受け取った。というのも、彼は、社の上層部から特命を受けていたからである。

社は、ある地方テレビ局の免許を申請していたが、競争相手の反対工作もあって、許可がなかなか下りない。大臣に働きかけて、免許を一日も早く下ろしてもらうようにするのが、彼の任務であった。

帰京した彼は、デパートに私を誘って、そのころはやっていた純金製の盃セットを、大臣あてに発送させた。ちょうど、大臣の娘が結婚することになっていたので、お祝いという名目である。彼の支払いは、秘書から受け取った金額を二万円ばかりオーバーした。「仕様がねえや。社に請求もできないし、持ち出しだ」と、彼はカラになった財布をひろげて見せた。

話は横道にそれるが(いや、こちらの方が本筋かも知れない)、対政府関係で新聞社を弱くさせている一つが、このテレビの免許制度である。全国紙は例外なく自社系列のネット・ワークを組んでおり、地元紙も、ほとんどローカル局に関係している。したがって、新聞社の経営者がテレビ会社の役員を兼務しているケースが多く、政府の免許権がテレビだけにとどまらず、新聞へも有形無形の圧力となって働いていることは否定できない。

知らせる義務の保証

もう一つ、ついでにいうと、政府に対する新聞社の〝借り〟として、国有地の払い下げがあげられる。朝、毎、読、それにNHKを加えて、国有地の払い下げを受けていない社はない。新聞社は、まだそれでも、表面的に言論の独立性を保っているかに見えるが、NHKは、公共放送という性格上、政府に直接、首根っこを押えられてしまっている。

例の佐藤発言「新聞記者は出て下さい」「NHKはいないか」は、その間の事情をはしなくも露呈させた感じである。

冷ややかにいいきってしまえば、どうせ新聞だって、NHKと五十歩百歩、「知る権利」「知らせる義務」が、十分に果たせるという保証は、どこにもない。では、なまじ格好をつけるより、どうせ、自分自身も〝体制内〟の権力の一つだと割り切って〝毒皿〟でいくのがよいのか。新聞週間のもっともらしい標語などは、この際やめにして——。

他の部とはあまり行き来がなかったので、勝手のわかった社会部のことをいうのだが、私たち社会部記者のあいだで、そうした議論を冗談にしろ口にするものはいなかった。

おたがい、青臭い観念左派などではないのだから、資本主義体制という大きな枠組みの中での制約を知らないわけではない。たとえば、銀行の不祥事件の報道には、社のトップから圧力がかかる。

新社屋建設のための国有地の払い下げ申請で微妙な成り行きにあったとき、社会面で始まった「運輸省」という続き物が、わずか三回目で、突然中止になったこともあった。編集局最高首脳の「つまらん」という一喝で、それ以上の説明は、ついに担当者にはなかったのである。

部内で取り沙汰された噂としては、時の総理・佐藤栄作氏が運輸省の出身であり、運輸省の内部にメスを入れることが、国有地の払い下げに好ましくない影響を及ぼすとの配慮からだというのがあった。真相は、一切不明である。別の噂としては、払い下げを円滑に進めるため、政治部記者が政界筋に働きかけているというのもあった。新聞社も企業である。競争に勝ち残っていくためには、読者に向かって標榜している「信条」とやらに反することも、ままあるだろう。世の中に、ウソはつきものである。

だからこそ、そうした状況の中で、一人一人が新聞記者であると思いこむためには、ある種の精神主義に傾かざるを得ない。企業体としての新聞社は、そんなものだと認めた上で、記者である自分は、いささか違うのだという、ちょっと世間一般には通用しかねる思いこみがそれである。そうしたものが、早晩破綻するのは、目に見えているとしても。

ひきあいに出してわるいのだが、チョコレート・メーカーに勤めている社員がいるとしよう。原料の配分さえ誤らなければ、彼がどんな精神状態でいようとも、出来上がったチョコレートはチョコレートにかわりはない。しかし、新聞づくりの場合は、そこにたずさわる記者たちの心の持ちようが、紙面にただちに反映する。新聞が、読者に約束したような新聞であり得なくなる危険性を、つねにはらんでいるといってよい。

世間で、新聞記者の「社会の木鐸《ぼくたく》」意識が物笑いのタネにされているようだが、いくらかのさびしさをこめていうなら、そんな結構なものをいまどき持ち合わせている記者は、きわめてまれである。

ご馳走にはならない

新聞記者時代の終りの私の気持を素直にいうなら、せめて世の中のご迷惑になることだけは極力しまいというあわれな心境でしかなかった。

「世のため、人のためにならない」記事を心がけたものである。〝加害妄想狂〟とでもいうべきか。

そういう私であったから、恥かしいことに、記者として誇るべき何物も持ち合わせていない。ただ、奇妙な自慢だが、タダ酒、タダ飯のたぐいは、絶対にとまではいいきれないにしても、極力避けてきたつもりである。

みみっちい話になってしまったが、そうしたのは「社会正義」などという大そうなもののためにではない。何か一つだけでも、他の職業人とは違うのだという自分への説得が、疲れていた私には必要であった。そして〝ご馳走にはならない〟という贅沢を選んだのである。

新聞社をやめてから、私は、取材先で、昼食を三度ばかりと、夕食を二度ばかりよばれた。その後、何だか、すっかり気落ちした気分でいる。たった一つのつっかえもはずれて、すっかりタダの人になってしまった自分がうらめしい。以前の自分が、思い上がりの甚だしいものであったとしても。

したがって、社会正義に生きるべく、決して高いとはいえない給料で、睡眠不足とたたかいながら、国民の「知る権利」にこたえようと日夜つとめている先輩、同僚に、これ以上、ことあげする気力を持ち合わせない。

しかし、それは、思いこみの上でなりとも「国民の側」に立っている記者たちに対してのことであって、「向う側」の人間となると、話は別である。

またAの話になって恐縮だが、ある社の政治部記者が、こんなことをいっていた。昭和三九年だかの自民党総裁選のときに、Aは某実力者から三〇〇〇万円を預って、ある派閥の首領のところへ手渡しにいった。そのとき同行したのが、いまは、これまた派閥の師団長にのしあがった某実力者である。三〇〇〇万円というのは、いうまでもなく、票の買収費である。

これには後日談があって、買収された首領に渡ったのは、一〇〇〇万円だったという。それが根も葉もないことであったとしても、社会部記者の身辺に、そういう壮大な噂は巻き起こらない。

派閥記者は必要悪か

昭和四一年の「黒い霧」さわぎのとき、各社のなかで、政治部記者と社会部記者の確執があった。政治部記者にいわせると、われわれは〝社会部紅衛兵〟ということになって、早い話が軽蔑の対象である。

彼らはいう。社会部の取材対象は、その日その日でかわる。だいたい、社会部記者の〝素朴な正義感〟など、根の浅いもので、わけもわからず、さわぎ立てるだけではないか。そうなるのは、単細胞のデカばかり相手にしているからで、不勉強ぶりは困ったものだ――。

この批判は、謙虚にきかなければならない。思い当る節々も、事実、少なくないのである。

これを裏返すと、政治部記者は高度な政治にたずさわっているという、彼らの自負があらわれてくる。この際、いさぎよく、それも認めよう。だが、次の質問には、何と答えるか。

「黒い霧」の一連のさわぎの中に、上林山防衛庁長官（当時）の、自衛隊機によるお国入りがあった。各社は、これを紙面で大いに批判し、非を認めた政府は、長官を更迭した。

実は、そのとき、二、三の社を除く各社の防衛庁担当政治部記者が、お国入りに同行していたのである。私の質問は、なぜ、同行記者たちも引責辞職しなかったかというのである。結局、彼らは、ホオかむりを通した。

彼らの所属する新聞は、社会面だけではなく、社説でも、お国入りを「悪」ときめつけた。一国の長官を、それによって官職からひきずり下ろしたのだから、新聞社は、自分のところの〝共犯者〟も、処分すべきではなかったのか。それが筋というものであろう。都合のよいときは〝向う岸〟にいて、都合がわるくなると〝こっち岸〟に帰ってくる。鳥なき里の蝙蝠《こうもり》は、冗談にせよ「国民の知る権利」などとはいわない方がよい。

私は、同じ怒りを「西山事件」にも抱いている。〝向う岸〟で散々はね回ったあげく、足をさらわれたからといって、〝こっち岸〟に助けを求めにきても、われわれの知ったことではない。何より、例の秘密文書を紙面にのせなかったことは、ノー・エクスキューズである。

「派閥記者」は、一つの必要悪だという弁解が、いつもなされてきた。今度の総裁選でも明らかなように、わが国の保守政治は、まったくの密室で行なわれている。だから、テキのふところにはいりこまないかぎり、肝腎のニュースは何も得られないというのである。いいかえるなら、辣腕の「派閥記者」ほど、テキの秘密を知りすぎた男ということになる。

そして、その秘密は、決して書くことができない。なぜなら、派閥のボスは彼を自分の私兵だと信じこんでいるからこそ、彼に秘密を明かすのであり、もし、それを派閥に不利な形で暴露したら、彼はその日から取材ができなくなるからである。「派閥記者」は、政局が微妙な段階にくればくるほど「自派」の利害に神経質にならざるを得ない。

かりに、私がA派を担当する「派閥記者」で、その夜、朝刊製作の責任者として坐っている担当デスクが、A派と対立関係にあるB派に近い人物だとしよう。私は、一本の原稿を書いた。「派閥記者」なのだから、A派の立場を代弁したものにならざるを得ない。そしてそれは、多分、B派にとって不利な材料になるだろう。当然、B派に近いデスクは、私の原稿の〝A派色〟を薄めるか、あるいはボツにするべく動くに違いない。そこで私は、原稿を、延ばせるものであるなら、その日に送ることをやめにするはずである。

これは、「派閥記者」の精神構造を極端に単純化してみればの話であって、実際はもっと複雑である。しかし、私があるホットな情報を社に吹きこんだとしたら、デスクを通じてその晩のうちに、それがB派に筒抜けになることだけは間違いない。

ある社の政治部では、各派の担当記者が持ち寄った情報をデスクにプールしている。このうち、とくに及ぼす影響の大きいものは㊙として区分けをし、部外にもらさない約束になっている。だが実際には、まったく守られていないと記者の一人は私にいった。

この場面に限るなら、「知る権利」は派閥のために活用されているのだということになろうか。

政治への絶望

政治部のベテラン記者は、派閥の中にはいりこんでも取材対象との緊張関係があるあいだは、「派閥記者」ではなく「政治記者」であるといった。数の上からいって「派閥記者」は圧倒的少数であり、矛盾に日夜懊悩している「政治記者」がほとんどであることは、私も知っている。

ある派閥のブレーンである学者は、こういった。

「いまの派閥記者のあり方は、非常にノーマルでない。それは、国民にとって不幸なことである。しかし、そうした派閥記者の姿は、マクロにもミクロにも、現に政治が行なわれている仕組みの率直な反映であって、個人をとりあげてあげつらうのは、ほとんど無意味だ。対象になるべきは、日本の政治そのものではないのか」

　私は、先ごろ、ある取材のため、自民党の実力者の選挙区を歩いたことがある。彼の上に、総理、総裁の呼び声が高かったときであった。そして、私が彼の支持者、後援者からきかされた話の九割程度までは、およそ政治の理念などとは無縁のものであった。彼が、地元の陳情を、いかに熱心に関係方面に取り次いでくれたか、その結果、どのように素早く、道路が舗装され、橋がかけられたか……。地元で問題にされるのは、ゼニ、カネに見せる政治家の〝甲斐性〟がほとんどであって、彼の抱負、経綸のたぐいではない。

　札束で、総理に直接つながる総裁の座がせり落された政治の現実。そうして生まれた宰相が〝今太閤〟ともてはやされる社会。いまさら多くはいうまい。われわれは、少なくとも政治に関するかぎり、世界の劣等民族であって、政治家も、派閥記者も、われわれの反映でしかないのかも知れない。だから、派閥記者の非を鳴らすとき、自分の顔にツバをする〝痛み〟を、われわれとしては分ち合わなければならないのだろう。

時代の証人として

　それにしても、彼らは、何によって、その職業にたずさわっている理由をみつけようというのだろうか。

「いまの姿がいけないことは、われわれ一人一人がいやというほど知っている。政治にいちばん絶望しているのが、政治記者ではないだろうか。

私にも、いいわけをさせてほしい。いまのような形でも、われわれが外部の人間としてはいりこんでいるからこそ、政治が完全な密室になってしまうのを防いでいるのだ。

世の中がひっくりかえるような秘密を、だれでも、最低一つや二つは持っている。たしかに、それは、いまは書けない。でも、いつかきっと〝時代の証人〟として、それを明らかにできる日がくると自分にいいきかせている。そういうと、『では、その日がいつくるのか』と、すぐ反論されそうだが」

「私が、いま真剣に考えているのは、実力者のポケットに隠しマイクを忍びこませて、トップで語られている内容の一部始終をすっぱ抜くことだ。もちろんそのときには、辞表を用意してからでないとできない。われわれが、そこまで追いつめられていることを、ぜひ知って欲しい。いまの政治状況が永久に続くとは決して思っていない」

この二人の政治記者は、川を行きつ戻りつしているところのようである。

完全に、川を渡って〝向う岸へ〟いってしまったのが、新聞記者出身の保守党政治家連中である。そのことが、即、いけないというわけではもちろんない。社会党を含めて野党のどれをとっても、政権担当の能力はない。しかも「清潔」を看板にする野党だって、結構、うす汚れているのである。

与党と、野党と、ある社会主義大国の外交官が、席を同じくしてサケを汲みかわし、ポルノ映画に興じるなどの裏話には、国民は、「知る権利」が行使されないのが普通である。

政治はあくまでも現実であって、醜くない政治というのは、われわれの手に永遠ににぎれないのかもしれない。

わけ知りふうにいうと、社会に各種のウソはつきものである。しかし、現実の泥沼に首までつかっても、口が水面に出ているかぎり、たまにはホントもいえる。だが、口までつかると、物をいえない。耳までつかると、何もきこえなくなる。目までつかると、全て真っ暗闇である。

「知る権利」にこたえるという新聞記者の建前に、制約があるのは認めるにやぶさかではない。でも、それが、まるきりのウソではないということを証明するためには、〝こっち岸〟に立つ姿勢を示すことであろう。

大したことが、いまできないのなら、せめて銀座や赤坂のタダ酒をやめてはどうか。そのあいだなりとも〝こっち岸〟に立っているといえるではないか。

本田宗一郎さんのこと

本田宗一郎さんの死を悼む声がしきりに聞かれる。故人にはただ一度お会いしただけの私がそこに加わるのはいささか憚られるが、あえて追悼の文を書いておきたい。本田さんに私がお目にかかったのは、いまから一年半ほど前のことである。つき合いのある雑誌の編集者が、対談の企画を持ち込んできた。

私はたまに対談やインタビューの聞き役を仰せつかるが、お相手が政治家や財界人の場合、原則としてお断りすることにしている。そうでなくても力を持っている人たちに、なにもこの私が提燈持ちをする必要はない、と思うからである。編集者は私のそうした流儀を先刻承知だから、先回りをした。

「あちらの本田さんは、いわゆる経営者じゃないんですよ。お会いになれば、そちらの本田さんもきっと好きになられると思います。そういう方なんですよ。ともかく資料をお届けしますから、ご検討いただけないでしょうか」

こちらの本田さんとしてはそれでも気が進まなかったのだが、何度かに分けて送られてきた資料は段ボール箱一杯になった。しばらくは放っておいたのだが、なに気なく手に取った本田さんの自著『私の手が語る』（講談社文庫）の扉を開いて、目が吸い寄せられる。

そこには、本田さんの左の掌をアップでとった写真がのっていた。ざっと見ただけで明らかにそれとわかる傷痕が、一五カ所ほどその掌に刻み込まれている。人差指の先端は欠損していた。傷痕はこまかいものまで入れると三〇を越えるのだそうで、それらはすべて、作業中に過って自分でつけたものだという。

私は、がぜん、本田さんに会いたくなった。いや、失礼な言い方が許されるなら、傷痕だらけの実物を見てみたいという気持ちにかられた、といった方が正直であろう。

本田さんの人柄を物語るエピソードは、私もいくつか知っていた。しかしこの掌の写真にまさるものはない。まさに、「私の手が語る」である。

本田技研工業の本社ビルは、これが「世界のホンダ」か、と思わせるほど質素で控え目なつくりである。その中の狭い応接室に現れた本田宗一郎最高顧問は、気さくで朗らかな話好きのおじいちゃんであった。まず左の掌を拝見したのはいうまでもない。

鍛冶屋の息子に生まれた本田さんは、小学校低学年のころから、父親の相槌を打ったという。そこからの連想で、つい小学校唱歌『村の鍛冶屋』の「主は名高き一刻者よ」を思い出してしまうが、実際にも本田さんはかなりの一刻者であった。

本田さんが浜松から東京へ出てきて本田技研工業を設立したのは、戦後間もない一九五〇（昭和二五）年のことである。後に、「会社に自分の名前をつけたのは失敗だった」と、いかにも本田さんらしい悔いを口にすることになるが、当時、国内のオートバイ・メーカーは約二〇〇社もあって、どれもが零細であった。もちろん本田技研工業もその例に漏れない。

通産省は国内産業保護・育成の一環として、欧米からのオートバイ輸入に厳しい制限枠を設けていた。これに業界でただ一人、猛然とかみついたのが本田さんであった。そのときのことについてたずねると、本田さんは笑いながらこういった。

「日本の方が遅れているんだから勉強しなきゃならんのを、見本も何もなくて、手探りで方々歩くやつはばかだっていうんです。だから入れろ、といったら問題になっちゃって」

本田さんの頭の中を占めていたのは、経営上のことではない。いかにしてよりよい製品をつくるかという、技術面での研究心であり向上心であった。その意味では、対談の企画を私に持ちかけた編集者のいう通り、いわゆる経営者ではなかった。本田技研工業が大を成してからも研究所に入り浸り、役員会にすら出ようとしなかったのは、あまりにも有名な話である。

「あれ、営業畑の集まりだからね。技術屋が出たってろくなことはないんですよ。私はいいものをつくりさえすりゃいい。だから出ないです。たまには出ろってあまりいわれるから、一度か二度は出たけど」

そういって好々爺の風貌に一刻者の片鱗をのぞかせた、故翁の姿を思い出す。

ここへきて一挙に表面化した銀行、証券会社の犯罪行為（これは不祥事などという生易しいものではない）はもちろん言語道断だが、実質的には違法そのものの損害補てんを証券会社から受けていながら、口裏を合わせたように、「こちらからお願いしたことはない」、「その認識はない」、「目下調査中」、の三通りのコメントで逃げを打った企業の経営者たちも、許すわけにはいかない。日本の資本主義は、いまや腐臭を放っている。

損失補てん先のリストには、それぞれの業界のトップであるトヨタと松下電器産業の名も挙げられていた。この両社はともに、「トヨタ銀行」、「松下銀行」と陰口されるほど、財テクに熱心であったという。本業で充分過ぎるほど潤っているのに、なぜ浮利まで追わなければならないのか。「技術屋のすることではない」と財テクに見向きもしなかったといわれる本田宗一郎氏と両社の経営者とでは、それこそ雲泥の差がある。

経済評論家の佐高信氏は、〈大体、トヨタにしても松下にしてもいまだに豊田家、松下家の人間が会長、社長等の主要ポストにすわっている。企業を〝家業〟と考えているわけだが（略）、損失補てんも、日本企業のこうした封建的土壌の上に咲いた徒《あだ》花《ばな》なのである〉と断じている。（『週刊現代』九一年八月一七日号）

本田さんは本田技研工業にいた実弟を早くに辞めさせ、子息は初めから会社に入れなかった。そして自分は六七歳のとき、経営面を委ねてきた藤沢副社長とともに、最高顧問へと退いた。本田技研工業では役員の子弟は採用しないよう内規で定めている。ふたたび佐高信氏の文からの引用になって恐縮だが、どうかお許しをいただきたい。

〈また、豊田家の企業のトヨタが、その本拠の挙母市の名を豊田市に変えたのに、本田は鈴鹿サーキットで知られる鈴鹿市が本田市に変えてはどうかと言ってきたのに、それを断っている。（略）問題の補てん先リストに本田技研の名がないのは偶然ではない〉

前述のように、「会社に自分の名前をつけたのは失敗だった」と悔いた本田さんが、「本田市」を受け入れる道理がない。故人は、企業を社会のものと考えていた。

そこで、もう一組、別のエピソードを重ね合わせてみることにしよう。

死期の迫ったのを悟った本田さんは、次のように言い遺したと伝えられている。

「自動車をつくっている者が大げさな葬式を出して、交通渋滞を起こすような愚は避けたい。もうすぐお迎えがくるが、何もやるな」

かなり以前から、本田さんは自宅への年始の挨拶をずっと断っていた。ご本人が私に語ったその理由はこうであった。

「自動車屋が駐車の列でご近所に迷惑をかけてはいけない」

私はこの話を聞いていたので、報じられた遺言の中身に、心からうなずいた。そして、縁者でもないのに、なにか誇らしい気持ちになった。

銀行や証券会社の犯罪行為が暴露されたからいうのではない。かねてから私は、他人のカネをハンドリングしてサヤを稼ぐ業種の人たちが、他のどの業種よりも高給を食《は》んでいることに疑問を抱き続けてきた。金融・資本市場が不可欠であることはもちろん、それが日本経済の発展に寄与してきたことも承知している。だが、社会の土台はそこにあるのではない。

世の中の仕組みがどう変わっても、基本は物をつくることにある。ならばその仕事にたずさわる人たちが、まず優遇されてしかるべきではないのか。そういう人たちをさしおいて、銀行マンや証券マンが時めくのは、ちょっと筋が違うのではないか。浮き草稼業に属する私だが、そういう思いがあって、就職学生に敬遠されがちなメーカーに、気持ちの上だけでも肩入れしてきた。そこへ、このたびの損害補てん事件である。こうなっては、メーカーだからといって一概にひいきもできない。日本の資本主義は根っこまで腐りきっているのか、と暗い気分に陥っていた矢先に、本田宗一郎さんの訃報を聞いたのである。

どうやら、損害補てんをした側もされた側も、経営者たちは罪の意識を感じてはいないようである。彼らに企業の社会的責任を説いてみたところで、空しいような気がする。

なににしても、憲法第九条の解釈問題を含めて、戦後の四六年がいま問われているのは疑いもない。日本は非常に難しいところへきている。そうは思いたくないがいまが、終わりの始まりかも知れない。本田宗一郎さんの死には考えさせられることが多い。

もうメシなど食いたくない

人間を六〇年もやってくると、いろいろなことに飽きてくる。ここ二〜三年は、食べることにすっかり飽きてしまった。

だいいち、メシを食う気がしない。その原因はコメそのもののまずさにある。

私は戦時教育を受けているので、「ぜいたくは敵だ」という考えのシッポを、心の隅に残しており、食べ物に関して文句をいうたちの人間ではない。

その私が日本のコメのまずさに気づいたのは、六〇年代の終わりにニューヨークに特派員として赴任したときであった。

当時はまだ珍しかった日本食料品店へ行って、「国宝」という銘柄のアメリカ産米（ジャポニカ種）を買って戻り、こいつをあり合わせのナベで炊いて食べたところ、びっくりするほどうまい。そのとき私は、初めて日本で食べさせられていたコメのまずさを知ったのであった。

不精者の私は滞米中、ついに電気釜を取り寄せることはせず、やや肉厚のナベで代用していた。それでも、日本で食べていたメシよりはるかにうまいのである。

帰国してから、日本のコメのまずさが、毎食、神経にさわった。豊葦原《とよあしはら》の瑞穂《みずほ》の国で、アメリカよりまずいコメを押しつけられるのは、理不尽というものであろう。

ご承知の通り、稲作農家は古米、古古米が倉庫に山積みされるようになってからも、食管制度をいいことにまずい多収穫米の作付けに励んできた。消費者のことなど眼中になかったのである。

それでいて、自分たちの飯米用にだけはちゃっかりまともなコメをつくったりしていたが、コメばなれが進むにつれて、コシヒカリだのササニシキだのといった銘柄が、一般消費者の口の端《は》にのぼるようになった。

思えば、そのときすでにして、コメの自由化問題は底流として存在していたのだが、農業者の大半はまだ事の重大さに気づいていない。

ともあれ、いわゆる銘柄米が米屋の店頭に出回るようになってから、私は唯一のぜいたくとして、うまいコメを買うよう家人に指示したが、満足したためしはなかった。それもそのはずである。やがて私たち消費者は、「一〇〇パーセント・コシヒカリ」などと称しながら、偽ブランドの混ぜ物が横行していた事実を知らされる。

ホンモノのコシヒカリをどうしても食べたいというのであれば、それを手に入れる方法はあるだろう。だが、私は生き方の好みの問題として、そういう手立てをわざわざ求めるのは嫌いである。

そうこうするうち馬齢を加えて、メシなんかどうでもよくなってしまった。いまさら、それを稲作農家のせいだとはいわないが、コメの自由化問題について農家の側に立つつもりはない。そのくらいのことはいわせてもらってもかまわないであろう。

話はちょっと変わるが、いつのころからか、世はグルメばやりだという。そのこと自体に文句はないが、ブームに乗って調理人が喋々《ちょうちょう》と能書きを並べたてる昨今の風潮は、テレビなどで見ていて目に余るものがある。

職人に能書きは必要ない。自分の手掛けた仕事がすべてである。黙って、良い仕事を心掛けていればそれでよい。訊《き》かれたら、そのとき初めて、出過ぎない範囲で答える。それが職人の慎みというものであろう。

ところが、客よりいばりくさって、一皿ごとに能書きどころか講釈まで垂れるアホがいる。それを拝聴している客も客で、私ならタダでもそういう職人のつくった料理は願い下げにしたい。

そういう店にかぎって、付け合わせの野菜一つにも有機栽培といったたぐいの能書きがつく。農薬づけの野菜より自然栽培の野菜の方がましであることははっきりしているが、問題はその価格である。店がより高い（ときには法外な）値段をとるための手段として、指定農家に有機栽培させているという謳《うた》い文句つきの野菜が利用されている側面も否定できない。

いわれている通り、たしかに「食は文化」であるのだろう。しかし、わが家がもっぱら食材を求めているスーパーマーケットには、私の食欲をそそるものは皆無にひとしい。そこからかけはなれたところに突出したかたちでしか存在しない、能書きやら講釈やらのついた例外的な「食」は、果たして「文化」たりうるのであろうか。

私は老いのせいで、食に貪欲でなくなっている。だが、その老いを差し引いても、こうはいえるであろう。町なかのどの米屋でどういう銘柄のコメを買ってきても、一膳のメシはうまくなければならない。それが「食文化」の基本である、と。

高校野球がむかつく

なにが甲子園だ。毎夏、新聞・テレビが大騒ぎを始めるたび、私はむかつく。

全国高校野球選手権の地方大会が近づくと、例年、野球部内でのリンチ事件のたぐいがニュースになるが、そうした高校野球界の暴力的体質は一向に改まりそうにない。問題を起こした高校は、出場辞退というかたちで反省しているかのような態度を表明するが、猿の次郎ちゃんと同じことで、そこにはなんの真実味もこめられていない。ただ単に、そういう形式を演じて見せているだけのことである。

今年は、沖縄水産が、ケツバット事件で「ハンセイ」を余儀なくされた。

だが、高校野球にこの程度の暴力はつきもので、それが証拠に、沖縄水産の栽監督はこう語っている。

〈「私が心配しているのは、ケツバットなんて、ここにもある、あそこにもあると、みんなでいい始め（密告し）て、（騒ぎが）他にも広がってしまうことです。練習中に監督が生徒を殴るなんてことは、あってはならんが、ザラにあることです。人間のやることですから。しかし、それをみんなでいい合うようになったら……（今後も出場辞退校が続出しそうで）怖いです」〉（『週刊ポスト』七月二四日号）

甲子園を目指す有力校の野球部関係者ないし部員の父母のあいだに、ライバル校の暴力事件を高野連に密告する風潮があることは、私も知っている。

そうした陰湿さを生んだ背景のひとつとして、有望選手をプロ野球の〝金の卵〟と見做《みな》す時代の傾向が挙げられるであろう。

私のような根っからの野球嫌いからすると、もはやチミモウリョウの世界だが、密告という卑劣な行為はそれとして、暴力がなかば公然とまかり通っている高校野球界のありようそれ自体が、根本的に問われなければならない。

時期をほぼ同じくして、『週刊現代』七月一八日号のスクープにより海上自衛隊第一術科学校（広島県江田島）での集団リンチ事件が明るみに出ている。

同誌によると、今年の四月、第三八期の新入生二人が上級生たちから集団的な〝ハッパ〟を受け、うち一人（一六歳）が首の骨を痛めたために脊髄が圧迫され、それによって右半身の手足がしびれる頸髄不全損傷を負った、というのである。

上級生が下級生に対して、殴る、蹴る、長時間にわたって前支え（腕立て伏せ）をやらせるなどの〝シバキ〟をするのはごく普通のことで、便器をなめさせるひどい例もあったという。

　戦後日本は過去の反省から出発したはずであった。だが、こういう話を読まされると、日本人はしょせん〝ハンセイ猿〟でしかないのか、と沈んだ気持ちにならざるを得ない。

　たかだか学校に入ったのが一年早いというそれだけの理由で、なぜ、人が人を暴力的に扱うことが許されるのか。

　それを怪しまない高校野球部は、精神構造においてかつての軍隊と変わるところがない。第一術科学校に関してはいわずもがなであろう。

　上級生たちによる制裁は、おおむね連帯責任の名の下に行われる。沖縄水産の場合もまさにそうであった。

　心配のしすぎといわれるかも知れないが、ひとつ間違うとまた全体主義に走りかねない日本人の危うさを、私はこれら少年たちの集団に見る。

　いぜんとして少なくない球児たちのイガグリ頭は、いやでも戦時中を思い出させて、おぞましい。

　なにが甲子園だ。地元校に寄せる郷土愛は、まあけっこうだが、そんなものに酔っている間にも、〝ハンセイ猿〟の親方どもは着々と海外派兵の手順を進めているのだぞ。

「愛国心」を強要される日は、さほど遠くはあるまい。

あるバーの話――思い出の周辺

「なんだ、こんな時間に」

つい非難がましい口調になるが、それが通じる相手ではない。

「なんだじゃないよ。婆さん、このくそ寒い中を、いま仕事から帰って来たばかりなんだから」

それではまるで、この私が彼女を夜遅くまでこき使ったといわんばかりではないか。だが、私は彼女に常識を説く立場にない。なぜなら、日本の社会にまだ完全には溶け込みきれていなかった彼女の前で、もっぱら常識破りを演じ、それが世の中全体に通用するかのような錯覚を与えてしまったのが、生意気盛りだったころの私および私の仲間だからである。

彼女のぞんざいな言葉遣いも、昔の私たちの口写しである。

「まったく、あんたたちと来たら、ひとをつかまえて、婆さん、婆さん、なんて、よくいったもんだよ。いったい、あのときの私、いくつだと思うの。このあいだ、週刊誌を美容室で見てて、トサカに来ちゃった。吉永小百合と、あんたたちに会ったときの私と、同じ年じゃないの。それを、婆さん、だなんて。失礼しちゃうよ、ほんとに」

これは、いまにして口にする婆さんの恨み言だが、それにしても天下の美女を引き合いに出すとは、かつての私たちに似ていい気なものである。

私が婆さんと出会ったのは、昭和三三年二月であった。

そのとき私は新聞社に入って満三年目を迎えようとしており、社会部のいわゆるサツ回りとして、上野署を中心とする警視庁第六方面を担当することになった。

サツ回りは粋がってはいても、一本立ちする前の修業の身で、部内での扱いも半人前である。

担当地域をビートと称し、その中での一切に責任を負っているが、ちょっとした事件になると警視庁詰めの先輩記者が出張ってくる。

華やかなスクープには縁遠いかわりに、手痛い失敗もないのがサツ回りで、その日常は事件発生に対する警戒と、いざという場合に備えて警察の要所要所に顔つなぎをしておくくらいで事足りた。つまりは、いたって気楽な稼業なのである。

第六方面の記者クラブは上野署に設けられていて、そこに詰める一五、六人の記者たちは、総じて警察回りに熱意がなく、日暮れともなると「別室」に席を移して、和気あいあいと時を過ごすのがならいであった。

その「別室」というのが、警察のすぐ裏手にあったトリスバー『素娥』である。

全国広しといえども、これと同じ名の店は、他にないのではないか。

その珍しい名の店に、記者クラブのメンバーで初めて足を踏み入れたのは、私とNの二人であった。

Nは私と一緒に第六方面を受け持つ相棒で、入社は同期である。気の置けない同士でもあり、新しくコンビを組むことになったので、早速、一杯行くか、とかたらって、警察周辺の下検分に出た。いちばん近くにあったのが『素娥』ということになる。

当時はトリスバーの全盛期であった。それを看板にうたっているからには、内部の雰囲気もおおよその見当がつこうというものである。

私が先に立って気軽に扉を押した。そして、次の瞬間、入り口で釘づけとなった。カウンターの中の女性が、下町の路地裏にはおよそ場違いな中国服をまとっていたからである。

いまではもう、その色も柄も憶えていないが、全体から受けた強烈な印象はなお残っている。

素材そのものからして光り輝く彼女の中国服は、どこかそこいらの酒場で見掛けるていの日本化されたチャイナドレスとは趣を異にしていて、派手な色彩を狭い店内に浮き立たせており、本場を知らない私にも本格を思わせた。

物怖じしない性質のNにうしろから促されて、ともかくスツールに並んで腰掛けたが、いまひとつ落ち着き具合がわるい。ふと目をやると、カウンターの背中にあたる壁の隅の営業許可証に『呉素娥』と読めた。

「いらっしゃいませ。ようこそ」

あまり馴染みのない抑揚で挨拶した彼女は、豊満さがそのあるべき姿を失って中年肥りへと崩れて行く過程の、ほぼ終りに近いあたりにわが身を置いており、この際ボリュームに関しては申し分のない胸元を強調するのが一得、といった塩梅の仕立てで私たちを圧倒した。

もとより「婆さん」と呼ぶのはあたらない。私たちがその不躾な愛称を、それなりの親しみをこめて彼女の上に定着させたのは、お互いに隔意のない間柄になってからのことである。

私は、後にも先にも例を見ない、新聞記者だけで成り立ったこの酒場について語る前に、折々に婆さんから聞かされた彼女の来歴を、かいつまんで述べておかなければならないであろう。

彼女は一九二一年（大正一〇年）一二月に、台湾の嘉義で、台湾人を父に、熊本県八代出身の日本女性を母として生まれた。

早くに逝った母親について彼女の語るところは少ないが、父方の祖母は中等野球で知られる嘉義農林の創立にあたってその敷地を提供した、地元で指折りの名家の出であるという。

中国の民話の中で親しまれている月の女神にあやかって素娥と名づけられた呉小姐（呉家のお嬢さん）は、当時でいう本島人と内地人が半々の台南家政女学院を卒業したあと、父親のすすめで若くして現地男性と結婚、陸軍の軍属（通訳）であった彼の転勤にともない、大陸の天津で官舎住まいの新婚生活に入るが、それも束の間、家庭に帰ると他人の前とは打って変って辛くあたる夫の仕打ちに耐え切れず、父のもとへ逃げ帰った。ここには日台混血という彼女の出身が微妙にからんでいるのだが、それについて触れる紙幅はない。

帰郷して中国語の教師をつとめるうち、母親と同郷のよしみで呉家に出入りしていた男やもめで子連れの憲兵曹長に、半ば暴力的に関係をつけられ、それを足掛かりに脅迫的に迫る彼の求婚を受け入れた。それが日本の敗戦の一〇日前のことである。

婆さんにいわせると、彼は日本降伏の情報をいち早くつかんで、その前に決着をつけるべく、彼女とのあいだを強引に運んだのだという。

終戦で漢奸（売国奴）となった彼女は悩み抜いた末、故国と親きょうだいを捨て、昭和二一年三月、夫に従って八代に移り住む。

だが、初めて見る母親の郷里も、彼女の安住の地とはならなかった。

地元紙の通信部に記者兼広告取りの職を得た夫は、夜な夜な酒に親しんで、異国人として白眼視される妻をやさしく包むどころか、やがては深い仲となった一杯飲み屋の素性の知れない女を家に引き入れて、妻妾同居を押しつける始末であった。

彼女はたまりかねて、離婚。やっとなついていた夫と先妻のあいだの男の子を置いて、昭和二七年七月、文字通り風呂敷包み一つで上京した。唯一の頼りが、やはり離婚して東京へ出て行った近所の女性であった。

その世話で彼女はとりあえず、山谷の旅館組合長の自宅に、住み込みの女中として入った。そこの総領息子である大学生の夜襲に怯えながら、一日も早い脱出を志すが、離婚と同時に中華民国の国籍となった彼女に、これはと思う職はない。

翌二八年一〇月、心進まぬ仕事ではあったが、上野池之端の料亭につてを求めて、住み込みの女中で雇われた。

母方の姓をとって新井素子を名乗る彼女だが、名門の血を受けた呉小姐の誇りがある。水商売の流儀に染まらない彼女の素人っぽさが、かえって馴染み客のあいだで好評を博し、懸命に勤めるうち、三年後には女中頭に抜擢された。

そういう彼女を観察していて、独立の援助を申し出た常連の一人がいる。Yといって、いつの場合も決して乱れたことのない、物静かな白髪の紳士であった。まさか、この人が――と、意外な人物の打ち明け話に驚いたが、独立は上京したときからの夢であったし、穏やかなYの人柄も好もしく思えて、援助を受け入れることにした。

こうして、彼女は台東区上車坂の路地裏に一〇坪の『素娥』を開く。私たちが出会うより三月ほど早い、昭和三二年一一月のことである。

婆さんがしきりに銭湯を拝んでいたというのは、上京から日も浅く、お先真っ暗だった山谷時代であろう。

東京へやってきた彼女の第一印象は、なんて神社が多い街だろう、というものであった。

彼女の信心にはイワシの頭的なところがあって、神社の前にさしかかると、祭神が何であれ素通り出来ない。つい足を止め、正面に向き直って、手を合わせてしまう。

このあたりの古風さは、母親譲りであるのだろうか。

東京へ来てから、彼女の拝む頻度がにわかに高まった。行く先々に神社が待ち受けていたからである。

その神社なるものが、実は、銭湯であったと気づくまで、婆さんがどれほどの間、わが身を道行く人々の不審の眼差しにさらしたものか、私は知らない。

「だって、八代の銭湯には、あんな飾りついていなかったもん」

彼女がいう飾りとは、銭湯の入り口の上の屋根の切妻につけられた破風のことである。

そうした失敗談も、彼女が置かれた苦境を考えると、笑うわけにはいかない。だが、当の本人は開けっ広げで、高笑いしながら披露して、いささかも湿っぽいところがなかった。そこいらは、いたって大陸的なのである。

迷い込んだNと私が呼び水となって、『素娥』はたちまち第六方面担当のサツ回りの占拠するところとなった。

地の利を得ていたということもある。しかし、この界隈だけでも、他にトリスバーが五軒ほどあった。クラブの全員が『素娥』に吸い寄せられたのは、何といっても婆さんの人柄によるところが大きい。

変転の半生を送ったにしては、無防備といえるほどにお人好しで、人を疑うことを知らないのである。

スツールが八つで、ボックスが四人分という狭い店内にクラブ全員が押し掛けると、席が足りない。はみ出た連中はカウンターに入り込んで、だれが何をどのくらい飲んだのかわからないほどの乱痴気騒ぎとなる。そういうとき、勘定は各自の申告で決められた。

連夜、そういうふうであったから、一般の客がたまにのぞきに来ても、敬遠して逃げてしまう。例外が、一見して筋者とわかる、暗い目つきのKという男であった。婆さんが漏らしたところによると、Kは台北の出身で、敗戦当時、内地の軍隊にいたが、郷里に身寄りがいないので、そのまま日本にとどまったのだという。『素娥』の開店から間もなく、Kは若い衆を引き連れて、地回りよろしくやって来た。だが、経営者が自分と同郷だと知って、無償の用心棒をかって出たという話であった。同郷という点を差し引いても、婆さんにはそういう気を周囲に起こさせる危なっかしい部分がある。

入り口に近い端のスツールが、いつとはなしに決ったKの指定席であった。私たちと競い合うように早々とやってくる彼は、そこに陣取って、カウンターの上に大仰に片肘をつき、あからさまに挑発的な態度でこちらを睨《ね》め回す。

Kは婆さんを「姉《あね》さん」と呼んで立てていた。彼女の庇護者を自任する彼からすると、特定の集団だけに頼る店の経営の先行きに不安を覚えたのかも知れない。また、記者というある種の特権的立場にいて傍若無人に振る舞う私たちに対して、反感を抱いたこともあろう。

Kとの衝突は、早晩避けられないものであった。

「なんだ、てめえら、いっぱしの新聞記者ぶりやがって。トロッコがせいぜいじゃないか」

とKが悪態をついたのがきっかけで、私たちの仲間の一人と表へ出てつかみ合いとなる。

分けに入ったのが、婆さんと私であった。

「K、お前はもうこなくていい。このまま帰りなさい」

いつもは頼りなげな婆さんの、いったいどこから出たのか。凜とした声に、Kはさからわなかった。

「姉さんがそういうのなら、おれ帰る」

そういって消えたKは、いぜんとして店に現れた。しかし、それ以降、私たちにからむことはなかった。

Kには後日談がある。安保で騒然としていた昭和三五年六月、私の勤めていた新聞社に右翼団体の代表三人が「紙面の左翼偏向」に物申すと称して押し掛けて来た。編集局の幹部が応接室で応対していると聞いて、成り行きをのぞきに行くと、代表三人の中央で、あろうことかKがふんぞり返っている。私は扉のかげから彼を手招きで呼び出した。

「ここはお前たちヤクザのくるところじゃない」

「わかった、わかったよ。帰りゃいいんだろ」

短いやりとりのあとでKは席に戻ると、いきなりこういう台詞を吐いて私を驚かせた。

「きょうのところは、おたくの社会部の本田の兄貴の顔を立てて、これで引き揚げる」

三人が肩を揺すって去って行ったあと、上司にKとの関係を尋ねられて、私は閉口した。彼は私に点数を稼がせたつもりであったろうが。

例のつかみ合いがあってから、Kはほぼ一回りも年下の私を「兄い」と呼ぶようになっていた。いくら断ってもやめないのである。

彼はそういうかたちで、婆さんの庇護者の役を、自ら下りたつもりだったようである。

そのKが名の通った右翼結社の代表監事という立場にいたことを、上司に彼の名刺を見せられて、初めて知った。

私は冷汗をかく思いであった。実をいうと、つかみ合いの仲裁に入ったとき、暴れるKの横っ面を二つ三つ張り飛ばしているのである。

私が無事でいられたのは、婆さんという存在があったからというほかない。

そのころ、『素娥』の常連は、ゆうに一〇〇人を越えていた。それがすべて社会部記者なのである。

第六方面から別の担当部署へ移った連中が、そこの仲間を引っ張ってくる。それからそれへと輪が広がって、若手ばかりでなくデスクまでもがやってくるようになり、上野署の周囲に、毎夜、各社の社旗をつけた車が列をつくった。

当時は、酒場の時間外営業の取り締まりがきびしく、午後一一時には店を閉めなければいけなかったが、『素娥』の営業時間は私たち次第で、しばしば明け方に及ぶ。

店の奥にちょっとした畳敷きの更衣室があって、そこを仮眠室代わりに延々、翌日の昼下がりまで居続ける豪の者もいた。

当然のことながら、周辺の同業者から上野署の保安課に、頻々と苦情が寄せられた。われわれからは違反のたび始末書をとるくせに、『素娥』にだけ手をつけないのは不公平ではないか、というものである。

その言い分は正しいのだが、警察は私たちの手前、『素娥』には手を出せない。口にするのが憚られるが、記者クラブには「治外法権」に近いものが暗黙のうちに認められていて、そこでは昼間から麻雀、花札のたぐいが半ば公然と行われていた。

夜になると、その記者クラブがそっくり『素娥』へ移動する。警察の交換台は「社電」（社からの電話）がかかると、私たちが「別室」と称していた『素娥』へ知らせてくれた。

そういうことだから、警察としても手を出し辛いのである。

『素娥』は社会部記者であればだれ一人知らないもののない溜り場となって、殷賑《いんしん》をきわめた。だが、それは客足のことであって、収益はその割りには上がらない。何しろ婆さんは、勘定の催促をしたことがないものだから、ツケが増える一方なのである。

援助者のYさんにそのことを詫びると、彼はこういって慰めたという。

「いいじゃないか。お金を積んでも付き合ってくれるような人たちじゃないんだから。いい友だちがたくさん出来たのは、お金にかえられない大きなことだよ」

それを聞かされて、私には大いに恥じるところがあった。

ともかくも賑わっていた『素娥』が店を閉めたのは、二階に住む画家の家主が生活に窮して、丸ごと売りに出したためである。昭和三六年九月、開店から四年に満たないが、大袈裟にいうと新聞裏面史に一時代を画した『素娥』は、その歴史を閉じた。

そこからまた婆さんの変転が始まるのだが、上野署記者クラブに籍を置いた連中は、彼女を囲む会合を年に二回開くなど、交遊は切れることなく続く。

昭和三八年、婆さんは日本への帰化を決意した。法務省に申請書を出したのが、クリスマスに近いころである。

法務省の担当官は、原稿用紙六枚に及ぶその申請書を読み終えると、心動かされた様子を隠そうとせず、目の前の彼女にいったという。「ご事情はよくわかりました」

翌年六月、彼女の帰化が認められた。申請から半年というのは異例の早さである。追い掛けて、担当官から個人としての懇篤な祝いの手紙が届いた。これは異例中の異例に属する。

申請書がよほど彼の心を打ったのであろう。それもそのはずである。婆さんの下書きをもとにそれを書いたのは、早くから朝日新聞随一の名文家とうたわれ、昭和四八年五月から「天声人語」を担当することになる深代惇郎であった。彼もまた、私と同時期のクラブのメンバーだったのである。

申請にあたって、深代と、彼の府立三中（現都立両国高校）、一高、東大法学部を通じての学友である弁護士と、この私が保証人となった。

ほどなく三人は、婆さんいうところのダーリン、つまりYさんの希望で、彼女名義の生命保険の受取人として名を連ねることにもなる。

Yさんは彼女より二回り年上で、昭和四六年の暑いさ中、七三歳で逝った。彼はそうなることを予想し、身寄りもなく、いずれひっそりと日本の土にならなければならない婆さんの世話を、私たち三人に托したのである。

婆さんの電話は、いつの間にか涙声にかわって、延々と続く。

「深代のバカが。てめえ一人、さっさと逝きやがって。ほら、NHKの五度飯の竹さんがメキシコに行くときの銀座の会で、婆あ、物価も上がってるんだから、保険金を倍にしな、あんな金じゃ婆さんの葬式を出したあと、みんなでこうして故人をしのぶ費用が残らないじゃないか。なんて、散々ひとをからかってさ。あんたも一緒になって、事故で死ねば保険金は二倍だから、婆さんが死にかけたら道路に抛り出せばいい、なんて。とんでもないよ。

あんまりいうから、保険を増やしたら、とたんに言い出しっぺの深代が、ころっと死んじゃって、ざまあ見やがれだ。ポンちゃん、あんたも先に死ぬじゃないよ。婆さん、また泣かなきゃならないじゃないの」

台湾の年老いた父親を、今生の思い出に東京オリンピックに招待しようと、その手続きの都合もあって帰化に踏み切った婆さんだったが、彼は帰化の許可が下りる二カ月前に世を去った。

その位牌を婆さんのもとへ持ち帰ったのが、アテネからの聖火リレーに同行取材して、その途中、台湾に立ち寄った、私と同期のNである。「婆さん」の名付け親として、ちょっぴり恨みをかっていた彼の、それが婆さん孝行であった。

そして、傷心の彼女のために、オリンピック最終日の主会場の席をとったのが、昭和五〇年一二月一七日に忽然と逝く深代だったのである。

「あの年の夏にみんなで集まったとき、会が終って表に出たとたん、婆さん、忘年会はいつにしよう、といったのよ。深代が。いまから、そんなこといって、あんた死ぬんじゃないの、っていったら、ほんとになっちゃってさ。婆さん、情なかったよ。今度、あんた死ぬといけないから、もう物価上がっても保険金増やさないからね」

一度、婆さんに電話でとっつかまったら、最低三時間はお相手を覚悟しなければならない。だが、それは、若かったあのころのツケと心得るべきであろう。

それにしても、いまなおお中華料理店で働いて自活する婆さんの、何と若く元気なことか。彼女が正真正銘の婆さんになる前に、こちらの髪は薄くなり、目はかすみ、歯は痛んで、も早、どちらがどうともいえない。

「もうオジンだよ」そういうと、

「オジンじゃなくてオジイでしょ」

と来たものだ。口までも達者な婆さんである。

『不当逮捕』その前夜

ハイヤーを仕立てて迎えに来たO氏に半ば拉致されるようにして、東京・神楽坂の旅館Wに私が送り込まれたのは、昭和五五年五月三日のことである。

当時、O氏は「小説現代」の編集部にいて、私の執筆が一向にはかどらないため、ついにカンヅメを決意したのである。

前年来、ひと月延ばしに何度も約束の期限を違えてきた私が重々わるい。その自覚は十分にあるのだが、よりによって世間の人びとが浮かれ歩くゴールデン・ウィークさ中のカンヅメ開始はウラメしく、絵に描いたような行楽日和と対照的に、私の気分は暗く落ちこまざるを得なかった。

Wは神楽坂の三業地の一部にあって、戦災を免れた木造二階建ての小さな旅館である。私にあてがわれたのは玄関脇のひと間で、廊下から引戸をあけて入ると、まず衣桁やら鏡台やらを置いた畳二枚分の小部屋があり、襖で仕切られたその先が八畳間で、ちょいとした庭に面している。初めて客となる私には、部屋全体の暗さが気になった。

この旅館は、神楽坂の表通りから北に向かって下り勾配になる斜面に建っている関係で、路地の階段の数にして六、七段高い南隣りの二階家が、のしかかるような恰好で太陽を遮っている。そのせいで、私の部屋は南向きであるにもかかわらず、昼間から薄暗いのであった。

しかし、いま考えてみると、その暗さも気になるほどのものではなかったのかもしれない。それを強く感じたのは、多分に心理的なものではなかったか、とも思えてくるのである。

ともあれ、Wに入った私は追いつめられていた。というのも、六月中旬には、別の仕事でネパールのカトマンズへ出掛けるスケジュールが組まれており、O氏との最終的な話し合いでその出発までに脱稿することを私は義務づけられたのだが、それを果たすには日数的にかなり無理をしなければならない状況にあったからである。

いまさらカンヅメの説明でもあるまいが、その本旨は、編集者が執筆者をして、他社の接触や私事から一時遮断し、注文した仕事に専念させるところにある。

鉛筆が遅々として進まないときの書き手は、担当の編集者に対して、サラ金の取立てに遇《あ》っているような卑屈な気持ちでいるものだが、旅館の払いが編集部持ちのカンヅメになると、いよいよもって、何とかしなければならないという心境に追い込まれる。脱稿が一日遅れれば、その分だけ余計な負担を編集部にかけるのだから、自宅もしくは自分の仕事場にいるときより、いやでも執筆のスピードを上げざるを得ない。編集部サイドからすると、そこが付け目なのである。私の場合も、心組みとしてはそのように運ぶはずであった。

段ボールに三杯の資料とともに持ち込んだ仕事は『不当逮捕』である。この作品の主人公は、戦後間もなく読売新聞社会部に職を得て、やがて司法記者として頭角を現わし、疑獄報道で数々のスクープを放った立松和博という私のかつての職場における先輩記者である。立松の新聞界における名声を不動のものにしたのは、昭和二三年に摘発された昭和電工事件に際しての活躍で、記者になってから三年と経たない彼は、のちに「抜いて抜いて抜きまくった」と語り草になる連続的スクープで他社を寄せつけず、事件記者としての才能を遺憾なく発揮した。

立松は父祖二代にわたる司法官の家に生まれた。父懐清は大正末年、かの有名な朴烈・金子文子による大逆事件を大審院特別権限予審判事として担当するが、政争にまき込まれて退官に追い込まれた。

立松の華やかな活躍は、当初、司法界に残る亡父の人脈に負うところが少なくなかったが、それがなかったとしても、いずれ際立った存在になっていたのは疑いもないであろう。まさに天才肌の事件記者であった。

しかし、昭和三二年、売春汚職にかかわる報道で、検察内部の権力を争う一方のリーダーが仕掛けた罠に落ち、不当に逮捕されたあげく、後楯と頼む社に見放されて、失意のうちに自滅の道をたどるのである。同じような不運に見舞われた父と子に、因縁めいたものを感じないわけにはいかない。

『不当逮捕』は、今日性を踏まえながらそうした立松家の歴史をたどる一方、売春汚職摘発のさ中、がぜん表面化した検察二大派閥の対立抗争の因を、昭和初期にまで溯って解き明かさなければならず、読者の興味を減じさせずその目的を果たすところに、構成上の難しさがあった。

そのうえ、立松逮捕をめぐる登場人物の多くはまだ現存していて、筆者である私が名誉毀損の告訴を受ける可能性は十分考えられる。かといって、筆を抑えることはできない。そこに、もうひとつの苦心があった。

さらにいえば、私が親密な関係にあった立松に肩入れするあまり、ノンフィクション・ライターとしての公正な眼を曇らせてはならない、という問題もある。私情をあえて抑制して、どこにスタンスをとるか。それがなかなか定まらないのである。

しかも厄介なことに立松は、去る六月二六日の朝日新聞（夕刊）に載った山崎正和氏の「文藝時評」の一部を利用させていただくと、〈行動は奇矯をきわめ、報道の自由のために闘う正義派記者の通念を裏切って行く。過剰な自尊心、極端な浪費癖、常軌を逸した漁色と放埒な遊蕩、ついには麻薬にまで耽溺するその生涯は、むしろ自責的な虚無主義の匂いを感じさせる〉人物なのである。

そうした主人公の人間的な側面を描くうち、読者には私が意図する時代批評が正当性のないものに映り出しはしないだろうか、という不安もあった。

それやこれやで、食事、入浴、睡眠の時間を除いて常時、机に向かっているのだが、書き損じばかりで、まともな原稿はいくら経っても増えない。そうこうするうちカトマンズへ出掛ける日が来てしまった。

O氏を拝み倒して一〇日間の猶予をとりつけ、現地取材をばたばたと片付けて帰って来たが、自宅にたどり着いたそのときから床についてしまった。激しい下痢が始まり、高熱を発したのである。

とくに、熱には弱らされた。多量の発汗でたちまち下着がびしょ濡れになる。気持ちがわるいので下着を取り替えにかかると、そのあいだに悪寒が襲ってきて、歯の根が合わないほどで身体が震えた。あわてて蒲団をかぶり、縮こまって寒さに耐えていると、震えはおさまるのだが、またおびただしい発汗に悩まされる。そこで下着を取り替えると、待ち構えていたように悪寒がやってくる。ほぼ三〇分おきにその繰り返しであった。

家人は、しまっていた冬物の下着まで総動員して、晴れた日には三回から四回も洗濯したが、とても数が足りない。その間、私は辛うじて水を飲むだけで、何も食べないのに、下痢もとまらなかった。

そういう状態が丸々三昼夜続いて、やっと起き出した私は、身体から発する汗の臭いに我慢がならず、ふらつく足元に気を配りながら入浴した。上がってから体重計に乗り、わが目を疑う。なんと、三昼夜のあいだに一六キロも体重が減っていたのである。肥満体の私はほぼ二〇年ぶりに、肋骨の浮き出たわが胸を見た。

カトマンズでは生水を飲まないよう気をつけて、食物も火を通したもの以外は口にしなかったのだが、その程度ではバイ菌を防ぎきれなかったということであろう。

病気らしい病気をしたことのない私は比較的軽く考えて、帰国から一週間後の七月一日、Wへ戻った。その際、O氏に申し出て、カンヅメに要する費用一切は、自己負担にさせてもらった。原稿が上がらないのはあげて私の責任であるから、自らにペナルティを課したつもりである。

それで、切迫感がいくらか薄れたという面も否定できない。夜型の私は、表の郵便受けに朝刊が音を立てて差し込まれる午前五時を目処に、終夜、机にかじりついているのだが、一枚の原稿もできない日が続いた。そのとき、自分では気づいていないが、積年の不摂生がたたって、肝炎がかなり進行していたのである。カトマンズから帰国しての下痢、発熱、悪寒は体調悪化の赤信号と知るべきであったのだが、それを悟るのは夏が過ぎ、机に続けて三〇分と向かっていられなくなってからである。

原稿を上げるためには、睡眠をできるだけとらなければならない。午前五時に朝刊をとりに立つと、その足で表通りの酒屋へ行き、自動販売機で缶ビール二本を買って戻るのがならいになった。雨戸を閉め切ったまま、寝床に腹ばいになって、朝刊を読みながらビールの酔いで眠気がくるのを待つのである。肝臓にいい道理がない。徹夜をして稼ぐのは原稿の量ではなく、肝炎の進行からくるいいようのない疲労感だけであった。

秋が行き、冬が来て、年の瀬も押しつまった一二月二八日、Wの滞在を切り上げて自宅へ戻った。O氏は奥さんのヘソ繰りと称して、私的に越年資金を届けてくれた。それは筋道が違う。いったんは辞退したのだが、結局、彼の好意を受けることにした。原稿は予定の半分にも達していなかった。「カンヅメに穴があいて、空気が入っちゃった」と冗談をいいながら、私の心は惨めであった。

『不当逮捕』にはこれからも、暗い八畳間の思い出がつきまとうのであろう。

第二章　植民者二世の目で——根なし草のまなざし

旅心の風景――仙崎

その日進駐してくる米軍から逃げるように、まだ暗いうちに乗船したのだが、結局、釜山を出港したのは、陽が高くのぼってからであった。

私たち引揚者を乗せた興安丸が、浮遊機雷の危険がある下関を避けて、山口県仙崎の沖合に錨《いかり》を下ろしたのは、昭和二〇年九月一一日の午後である。夏の気配が残る、よく晴れた日であった。

仙崎は大型船舶が接岸する設備を持たない。私たちは艀《はしけ》に乗り移って波止場へ向かった。

日本の植民地だった時代のソウルで生まれて、そのとき中学一年だった私は、内地を見たことがなかった。岸が近づくにつれ、視界に緑が広がる。波打際《なみうちぎわ》に覆いかぶさるようなその豊かさに、圧倒される思いであった。

朝鮮でも、人里離れたところに行けば、これに似た風景が見られたのかも知れない。だが、当時のソウル近郊は禿《は》げ山が目立ち、樹々が生えていても丈が低く、まばらであった。私の原風景は、どこか乾いていて、潤いに欠けるきらいがある。そこへいくと、内地はどうか。滴るような緑、という表現がある。私はそれを言葉のうえでのことばかり思っていたのだが、現実に滴り落ちそうな緑を目のあたりにして、軽いめまいに襲われた。それは美しすぎて、毒々しくさえあった。たぶん心の中で、ちょっとした適応不能を起こしていたのであろう。

さらなる驚きは、海が澄んでいて、かなりの水深があるのに、海底の模様がはっきり見てとれたことである。射し込む陽光を受けて、白砂が輝いていたと記憶する。あるいは、歳月を経るうちに、記憶が美化されてしまったのかも知れないが、驚きが大きかったのは事実である。

私はそれまで、黄海の泥海しか知らなかった。川も、漢江は濁っていた。だから、澄んだ水に心を奪われ、自分が無一物の難民の身であることさえ、忘れていたのである。

上陸した駅へ向かう道すがら、ゴミ一つ浮いてない疎水と、そこからはい出てくる小さなカニたちが、目を楽しませてくれた。まさに、別世界に遊ぶ心境であった。

これが私の「日本」との出合いである。仕事柄、世界の各地を旅したが、これにまさる感動的な出合いは、経験していない。

筆を措けなかった理由

私は京城からの引揚者だが、敗戦から故国に帰り着くまでの間、苦労らしきものは何一つ体験しておらず、ソ連参戦以降、難民と化して辛酸をなめつくした満州（現中国東北部）からの引揚者のことを考えると、引揚者を名乗るのが憚られる。

藤原作弥氏の父は仙台の出身で、中学（旧制）の教師を勤めるかたわら言語民俗学の研究にたずさわっていて、同じウラル・アルタイ語族に属する日本語と朝鮮語との関連を調べるため北朝鮮の清津に勤務先をかえ、さらには、蒙古語との関連を調べようと、満蒙興安街の満州国陸軍興安軍官学校に国語（日本語）の教授として赴任するのである。

昭和二〇年八月九日、ソ満国境を越えてソ連軍が侵入し、翌一〇日、軍官学校職員家族一五〇人は、興安街を汽車で脱出して南下する。満州国興安総省在満国民学校の三年生であった藤原氏は、両親、弟、妹二人と一緒にこの逃避行に加わった。

一行は朝鮮を経由して日本へ帰るはずであったが、鴨緑江を隔てて新義州を望む国境の町・安東市（現丹東）まで来たところで足どめされ、帰国は翌年に持ち越されたのである。『満州、少国民の戦記』（八月、新潮社刊）は、四六歳になった藤原氏が、「国際友好訪中小組」の参加者三人のうちの一人として安東を訪れ、八歳から九歳にかけての少年時代に戻って「ありなれ」（鴨緑江）の畔に立つ場面から始まる。

この旅は藤原氏にとってのセンチメンタル・ジャーニーであり、かつて家族とともに住んでいたアパート、父が番頭をしていた古本屋「鴨江書院」、その出資者で敗戦時まで市公署総務課長をしていた黒田正七郎の官舎、黒田課長の秘書で後に「鴨江書院」の助手を務める東田清子の生家、日本人向けの託児所「保育堂」、地下組織の診療所など、ゆかりの場所を訪ね歩くうち、様々な思い出が甦ってくる。「鴨江書院」というのは、藤原氏の父や黒田を中心とするボランティア活動の資金源であり、世間へのカモフラージュであり、アジトでもあった。

藤原氏の回想に、父と、その身辺にいつもいてレポのような役割りを果たしていた東田嬢が頻繁に登場するのは、自然の成り行きであろう。

〈父の茫洋とした風貌は、神田か早稲田通りの生れながら古本屋の、本の虫のオヤジにぴったりだった。父は、猫背の背を丸めて番台に坐って本を読むか、スケッチをしていた。または、火鉢の前の椅子に腰かけ、股火鉢で手をかざしているか、どちらかのポーズをとっていた〉

藤原氏の筆になる父親の姿は、中国国民党政府、ソ連軍司令部、中国共産党八路軍政府と支配者が二転、三転する下での難民でありながら、いかにも超俗的である。生活費稼ぎのため煙草売りをしていた藤原少年は、帰り道にかならず「鴨江書院」へ立ち寄り、父と東田嬢に連れられて家路をたどった。

〈僕は、あの構図をはっきりと覚えている。九歳の僕は東田嬢に手を引かれている。鴨の浮ぶ鴨緑江の暮色を、父と東田嬢がじっと眺めている。僕が河面を眺め、それから二人の横顔を仰ぎ見ると、その背後には鉄橋の幾何学模様がぼんやりした影絵のようにに霞んでいる。……（父の）言葉に無言で肯いている東田さんの夕陽を映した顔が美しく、僕はいつまでも見とれていた。

そうだ、九歳の僕は二一歳の東田嬢に恋をしていたのかもしれない。もちろん、それは恋というより思慕のような気持だったろう〉

藤原氏は、少年の日の定かでない記憶を補うため、関係者に当時の話を聞いてまわる一方、資料を渉猟して、この本をまとめたという。そうした努力は、たとえば、国民党の地下組織と結託して八路軍政府の転覆をはかった「日本人解放同盟」なる団体が手入れを受けたのをきっかけに、日本人社会に逮捕旋風が吹き荒れ、旧満州国高級官僚らが次々に鴨緑江河畔で銃殺される情景の描写になって表れているのだが、やはり魅きつけられるのは、感性豊かな藤原少年がじかにかかわった数々の場面の回想部分であり、それが瑞々しいだけに、取材部分がときとして木に竹を接いだような感じを与える。

ともあれ、藤原氏が描く満州は、日本人同士の愛といたわりの世界であり、そこに寄せるほの懐しさに満ち溢れている。それだけに、なぜこれが「少国民の戦記」であるのかが、最終章にいたるまで、読む側の疑問として残るのであるが――。

〈さて、これで、父の遺言（注・藤原氏の父君は去る二月、一〇章分の原稿を読んだ段階で、亡くなった）にもとづく物語はおしまいである。――だが、僕は、ここで筆を措くわけにはいかない〉

として書きつがれる「付　子供の戦記」を読めば、どうしてもこの本を書かずにいられなかった藤原氏の「生存者の義務」感が、痛いほど伝わってくる。

氏が通っていた興安街の国民学校の在校生二七〇人のうち、二〇〇人近くは、徒歩で白城子へ向けて避難中、ホロンバイル草原の葛根廟《かっこんびょう》でソ連軍の戦車隊に襲われて虐殺され、生き残ったうちの何人かは残留孤児となったのである。

彼らより一日早く脱出した藤原氏は、〈一日遅れていれば、僕は、いま生きて、こうして本などを書いていられなかっただろう。たとえ、生きていたとしても、興安嶺の麓ホロンバイル草原のどこかで残留孤児となっていたかもしれないのである〉と書く。

引揚者とはいうものの悲劇と無縁にきた私に、この言葉は重い。

高拓生をたずねて

アマゾンの中流にパリンチンスという町があって、ここまでは文明圏である。河口の都会ベレンから、週に三便、小型機が飛んでいる。だが、その先は、モットール（モーター船）に頼るしかない。

去年の一一月、高拓生ゆかりの地であるワイクラッパを訪ねようと思い立った私は、そのパリンチンスでモットールを借り受け、支流に入って行った。

高拓生というのは、アマゾン開拓のパイオニアを養成する目的で昭和五年に創立された日本高等拓殖学校の卒業生のことである。

初め、東京・世田谷にあったこの学校は、のちに神奈川県の登戸《のぼりと》へ移るが、昭和六年の第一回生四七人を皮切りに、九回生まで計三〇〇人をアマゾン流域に送り込んだ。

現在、アマゾンの中流を代表する産物は、ジュートである。だが、それは、もとからあったわけではない。

インドから持って来た一握りのジュートの種子を、飢えと風土病にさいなまれながら育て上げ、数年がかりの労苦の末にこの土地に定着させたのは、高拓生であった。アマゾン開拓史を語ろうとするとき、この人たちを抜きにすることは出来ない。日本高等拓殖学校は、旧制中等学校卒業を受験資格としていた。昭和初期のことで、高拓生の多くは、中流家庭の子弟である。

ブラジルの大地に若い夢を燃やした、かつての紅顔の少年たちも、いまでは六〇代に入って、あるものは原生林を離れ、あるものは逝き、いまでは「生き残り」と呼ばれるようになった。ちなみに、第一回生は、アマゾン流域に一人も残っていない。その高拓生が、初めてのジュートづくりに取り組んだのが、ワイクラッパなのである。

パリンチンスを昼過ぎに出たモットールは、果てしなく続くジャングルのあいだを、単調に進む。支流に入ってからは、沿岸に人家を見ることもまれになって、変化といえば、ときおり水面にはねるイルカくらいのものである。

ワイクラッパの岸に着いたのは、日が落ちてからであった。

現地人の船頭が案内に立つ。岸に迫って高い崖があり、そこに切りひらかれた荒い段々を、爪先でさぐりながらのぼるのである。あいにく、その日は闇夜であった。一〇〇段近くものぼっただろうか。息切れのした私は、やっとの思いで、平地に出た。

船頭が大声をあげる。「客を連れて来た」といったのであろう。

暗闇の先に人家がぽつんと一軒だけあり、バルコニー風につくった木組みの上で、人かげが動いた。

その主が、高拓四回生の森塚三氏（福岡県出身）であった。

名刺を差し出して来意を告げる私に、森氏はいった。

「お客さんだというものだから、私は、また——。そう、東京からいらしたんですか」

アマゾンを訪れる人は少なくないが、ここまで足をのばす旅行者は、さすがにない。パリンチンスから、たまに、高拓生仲間が麻雀にやってくるのだが、それも近ごろは、間遠になっているということであった。

そんな話をしながら、森氏は奥の夫人に声を掛け、ランプを取り寄せた。運ばれて来たあかりに、私の名刺をかざす。

その次の瞬間である。私は自分の耳を疑った。

「ああ、あなたがそうですか。『文春』に書いておられましたね。いろいろな家系の話を。それから、三木さんのこととか」

国内を取材で歩いていて、私の〝読者〟にめぐり合うことは、皆無に近い。その私が、アマゾンの奥地で、予期しない反応にぶつかった。それは、個人的な感情を越えて、まさに驚きであった。

森氏がワイクラッパに入殖したのは、昭和九年のことである。いらい、この土地を一歩も動いていない。他の高拓生は、戦争の影響もあり、すべて去って行った。

「この四一年間に、日本への手紙は、四、五回も書いただろうか」という森氏である。だが、戦争中の一時期を除いて、『文藝春秋』は、ただの一号も欠かしたことがないと話す。

森氏を日本につないでいるのは、月に一度の、一冊の雑誌なのである。その一ページ、一ページが、どれほど丹念にくられたことであろうか。活字の持つ意味を、改めて思わないわけにはいかなかった。

サンパウロに戻ってからたしかめたところ、ブラジルの日系コロニヤ社会でもっとも多く読まれている雑誌は、月刊・週刊を通して『文藝春秋』であり、その部数は毎月二〇〇〇を越えるのだという。そして、おそらく、もっとも熱心な読者が、そこにいる。

この欄を借りて、私の唯一の〝読者〟である森氏に、月遅れにはなるが、心からの新年のご挨拶を送りたい。

風当たりさらに強し

新宿西口の通称ヤキトリ横丁に、クジラのカツを食べさせる大衆食堂がある。その存在はかなり以前から知っていたが、入ったことはなかった。とくにクジラが好物というわけでもないからである。

私が初めてクジラを食べたのは、戦時中のことであった。母親がカツにして夕食の膳に出してくれた日のことを、なぜかいまもありありと憶えている。

その日は午後から雨になった。小学生だった私は、学校から帰ると母にいわれて、父の勤め先に傘を届けに行った。だが、それは無駄足になる。父に会社から送りの車が出ることになったからである。

その車中で、私は夕食の献立を口にした。クジラを食べることに、かなり抵抗があったからだと思う。父は私の話を引き取ってこういった。

「S子にはいわない方がいいぞ。あの子は知ったら食べないから」

S子というのは母の末妹で、私とはおなじ屋根の下で姉弟同然に育った。当時は女学生であった。

夕食が始まると、私は叔母の方にばかり気を取られていた。カツの中身が通常のものとは違うことにいつ気づくだろうかと、不安だったのである。

その夜、私は叔母の部屋に行って、カツの正体を明かした。

「あら、そうだったの。道理で、ちょっとへんなにおいがしたわね」

彼女は別に驚いたようでもなかった。私たちは比較的物資に恵まれた外地にいたのだが、それでも物不足は目に見えて進行していた。中身がクジラであろうとも、カツを食べられるだけましだったといわなければなるまい。私より八つ年上の叔母には、そのあたりのことがよくわかっていたのであろう。

弁護士の淡谷まり子さんが「ダカーポ」(六月一九日号)で、私たち日本人には気になる話題を紹介している。その文章の頭の部分はこうである。

〈オーストラリアで、伊勢エビの生けづくりが禁止されようとしている。日本人観光客の多いクインズランド州の動物愛護協会などが、「甲殻類にも痛みを感ずる能力がある」と、生けづくりの「残虐さ」を訴えているからだ。規制が実施されると、違反したレストランは一〇〇〇豪ドル(約一〇万円)の罰金を取られるという〉

これには私も驚いた。カンガルーやらコアラやらをつかまえて、生きたまま切り刻み、その肉片を姿盛りにして頬張るというのであれば、残虐といわれても仕方がない。いや、そういう行いは残虐そのものであって、許されるべきではない。まさに、動物愛護協会の出番である。

しかし、ここで俎上にのぼせられているのはイセエビであって、動物ではない。広義では、イセエビも動物のなかに入るのであろうが、少なくとも日本人の通念としては前で述べた通りである。

甲殻類にも痛みを感じる能力があるのかどうか、専門知識のない私にはなんともいえないが、かりにその能力があるとして、生けづくりだけが「残虐」な料理法として指弾されるのは、いかがなものであろうか。痛みを感じるのであれば、当然、熱さも感じるであろう。となれば、煮たり焼いたりするのも、生けづくりと同じく「残虐」な行為になるのではないか。

あるいは、イセエビが死ぬのを待って料理にとりかかればいい、という理屈もあるのかも知れない。しかし、それをいうなら、イセエビを殺すこと自体を問題にすべきであって、全面禁漁というのが「正しい」解決策ということになってしまう。

では、やはり生けづくりの素材として欠かせないタイやカレイはどうするのか。エビと並んで日本人の好物であるカニはいいのかわるいのか。

規制を訴えている人たちは、そこまで考えて問題にしているのではなさそうである。

彼らは、異人種が持ち込んだ異文化に、きわめて素朴な拒絶反応を示しているのであろう。

文化はそれぞれの民族や地域に育まれたものであるから、異なっていて当然である。食文化はその代表的なもので、自分たちの流儀とちがうからといって相手を難じていたのでは、話にもならない。翻って、旅の楽しみのひとつは、自国にいたのでは味わえない料理を賞味できるところにある。

その点、わが同胞は旅に出ても、日本食に固執するあまり、折角の機会を少なくしているような気がしてならない。私がニューヨーク特派員をしていたあいだ、数えきれないほどのお客さんが訪ねて来たが、食事の希望をたずねると、大半が日本食と答えた。その都度、せっかくニューヨークへ来たのだからそれらしいものを食べればいいのに、と思ったものである。

ニューヨーク支局には、接待費は一ドルもなかった。だから、お客さんを案内するには自腹を切らなければならない。日本食は他の料理にくらべてはるかに割高であり、そのせいもあって〝ヨコメシ派〟には好感を抱いた。

日本ではイセエビは高価なので、オーストラリアへ行って生けづくりを堪能したくなる気持ちはよくわかるが、私たち日本人が世界各地で、かつての〝醜いアメリカ人〟の役を演じているということも、心の片隅にとどめておいてほしい。行った先々で、自分の流儀を金にものをいわせて押しつけるのは、教養ある人間のすることではない。

生けづくりに反発して、規制を求めるオーストラリア人の偏狭さについては、私は意見を述べない。オーストラリア人全体で考えるべきことだからである。ただ、日本人のあいだで最も人気の高い訪問先がオーストラリアであるという事実は、いっておいてもよいだろう。

過日、ヤキトリ横丁を通り抜けようとしてふと思いつき、例の大衆食堂に入った。戦後、この界隈はもっと賑わっていて、いつも空腹だった私の鼻孔を最も刺激したのは、ぶつ切りにしたクジラの鉄板焼きであった。肉片に血管の穴があいていたりしたから、あるいは肉片はちゃんとした身の部分ではなく、内臓だったのかも知れない。そのころ私は高校生であったし、金も持っていなかったから、新宿に出たついでに、横丁を素通りするだけであった。それでいて、そこまでこまかい観察ができたのは、店先にしつらえた鉄板でクジラは焼かれていたからである。

鉄板焼きはついに食べずじまいに終ったが、クジラは家庭でよく食べた。生はニンニクをすりおろした正油につけて焼いたり、ベーコンは野菜と一緒にいためたりした。ともあれ、クジラは敗戦国日本の主たる動物蛋白源であった。卵ですら貴重品であった時代だから、クジラによって私たちの栄養は確保されていたといっても過言ではない。

物が豊富になってから、私はクジラを口にしなくなった。私たちの世代にとって、クジラは欠乏の時代の象徴のようなものである。

社会人になってから、一度だけクジラ料理の専門店に行ったことがある。絶品といわれる尾の身も食べてみたが、私にはやみつきになるほどのものではなかった。もっとも、私はグルメとはほど遠いところにいる人間だから、味覚について語る資格はないのだが。

さて、ヤキトリ横丁である。私は評判の「鯨カツ」を注文した。叔母のことを思い出しながら揚げたてを口に運んだが、正直なところうまいとは思わなかった。その店での値段はトンカツより高い。おそらく、これから先、私はクジラを食べることはないだろう。

しかし、その私にして、商業捕鯨の禁止には賛成しかねる。反捕鯨国は数を頼んで、日本文化を押しつぶそうとしているからである。こうした理不尽さに屈するいわれはない。

淡谷さんは、スペインの闘牛やイギリスの貴族のスポーツといわれる狩猟を例に挙げて、クジラやエビを云々する人たちは、なぜこれらを問題にしないのかと、次のようにいう。

〈闘牛や狩猟は純然たる「お遊び」だ。おまけに、散々傷つけたり犬に追いかけさせたりした揚げ句に殺すという、日本人から見たらまさに残虐きわまりない遊びなのに〉

日本への風当たりが強まる中で、生けづくりの問題も起きた。今後ますます、さまざまな非難や批判が私たちに向けられるだろう。それらにどう対処していくのか。難しい時代を迎えた。

「近頃の若いもの」と「日本人異質論」

「近頃の若い者は――」という台詞を口にしはじめたら老いた証拠、と昔からいわれている。私も老いたのであろう。最近の若い人たちの考えや行動に、腹の立つことが多い。ことに、女性に関してそうである。

極端な例であることは承知で引き合いに出すのだが、旧月七日、新婚旅行中に失踪事件を起こした二五歳の女性は、いったい何なのだ。帰着した大阪空港での記者会見の模様をテレビで見ているうち、血圧が上がってきた。私は一日に三回、降圧剤をのんでいる身である。縁もゆかりもない他人に寿命を縮められたのでは、たまったものではない。

失踪が伝えられたとき、私はその他人の安否を、人並に気遣っていたのである。

彼女が行方をくらましてから約一〇時間後、ホテルで待つ夫のもとへかけてきた電話の中身を新聞で知り、その段階で誘拐の線は消えたと判断したのだが、失踪の理由が皆目わからない。

事件ではないとして、だれもが真っ先に思いつくのは、夫婦間のトラブルである。かりに、旅行中、彼女が夫に対して、もう顔も見たくないというほどの強い嫌悪感ないしは侮蔑感を抱くに至る決定的な出来事があったとしよう。しかし、だからといって、彼女がいわゆる「成田離婚」を一歩早めたかたちの、「ハネムーン離婚」とでもいった挙に出るであろうか。

この夫婦は、一二月九日に帰国の予定であった。失踪したのは前述したように七日のことであるから、あと二昼夜だけ我慢すれば済むことである。堪えられない日数ではない。

それに、英語ができないという彼女が、別のホテルを探してそこへ身を移すのは、不可能とはいわないまでも、かなり難儀なことであろう。そう考えると、「ハネムーン離婚」の仮説は成立しにくい。

そこで私は、自分でもかなり突飛にすぎると思う別の仮説を立ててみた。現地に、夫以外の男性が待ち受けていて、彼女をなかば強引に別の場所へ連れて行ったとする。これならば失踪の説明がつく。

その場合、待ち受けていた男性は新婚旅行のスケジュールを知っていなければならず、したがって、彼女とは結婚式の直前まで親しい間柄にあったということになる。

私の推理は間違っていたことが、一一日未明に彼女が発見されて判明したのだが、まったく的はずれだったわけでもない。

私は、個人的なスキャンダルのたぐいは字にしないようにしているので、失踪の背景をこれ以上せんさくするのは差し控えるが、彼女のとった行動そのものについては、もうちょっといいたいことがある。

彼女は挙式の一カ月も前に、偽名でシドニー郊外のモテルを予約し、シドニーに入ったときには、すでに自分の衣類をそこへ送り込み済みであったという。失踪は予定の行動だったわけで、そういう女心はどうにも理解がつかない。

しかも、夫をないがしろにしたにもかかわらず、大阪空港での記者会見で、彼女は夫を「愛している」といい、結婚継続の意志を表明した。この女性には、人を愛するということの意味が、まるでわかっていない。私にいわせれば、結婚の資格ゼロである。

もっとも、彼女は未入籍だったのだから、法律上はまだ婚姻関係になかった。夫は同じ会見の席で、「いまでも入籍するつもりか」と聞かれて、「はい」と答えている。その場面で、私は思わず「しっかりせんか」と怒鳴ってしまった。

周囲に意見されたのであろう。翌日、彼は結婚の解消を先方に通告したという。当然である。

私たち旧世代は、男性が横暴にすぎて、女性をずいぶんひどい目にあわせてきた。

いまも、社会全体で見ると、その図式は基本的に改まっていない。だが、若い世代の個人的な関係においては、男女の立場が逆転しているかに見受けられる。今回の騒ぎは、そういう観点からすると、時代を表しているとはいえないであろうか。

テレビのワイドショーで、「成田離婚」の主な原因を三つ挙げていた。多い順に並べると、「夫がケチであることがわかった」、「夫に頼りなさを感じた」、「他の男性に目移りした」ということになるのだそうである。

やや信憑性に欠ける気もするが、いちおう額面通りに受け取ると、若い世代における「女性上位」の証明となる。

右に挙げた三つの原因は、すべて、女性の側が相手に愛想づかしをしたことを意味している。つまり、いまは男が女に捨てられる時代なのである。

いうならば、私たち古い男がためたツケを、そうしたかたちで若者が支払わされていることになろうか。同性としていささか申しわけなく思うが、その一方に、彼らの不甲斐なさを嘆じる気持ちもある。

新婚旅行が終わるか終わらないかのうちに妻から離別を申し渡されるような男性は、どの道、ろくなものではない。だが、そういう男性をかりそめにも伴侶に選んだのだから、女性も同レベルの人間と考えるべきであろう。

そうであるとするなら、「成田離婚」が物語るものは何か。女性の身勝手さであり、人生を甘く見たふてぶてしさであろう。

物理的な面でいうと、女性の〝世界〟は飛躍的に拡大している。ある程度の年数OLの経験を積んだ女性であれば、三、四回の海外旅行を経験しているのが普通である。失踪事件を起こした女性も香港、台湾、シンガポールへの旅を経験しているという。「成田離婚」の原因の二番目に挙げられている「夫に頼りなさを感じた」というのは、女性が旅慣れしていることと関係があるかも知れない。

好むと好まざるとにかかわらず、会社人間であることを要求される男性は、OLほど気楽には海外へ出かけられない。

かりに、ハネムーンが初めての海外体験であったとしよう。大方は英語が不自由だから、買物一つするにしても、おどおどした態度になってしまう。そういう夫と行動をともにしている妻が、過去に何度か外国を歩いているとすれば、夫を頼りなく思うであろう。

海外で若い日本人を見ていると、いったいに女性の方が男性より物怯じしない。「女は度胸」といった節がある。

近年は一人旅に出る女性も増えた。それにつれて、海外で事件に巻き込まれる日本女性の数も増えている。比較的記憶に新しいところでは、お茶の水女子大の学生が、台湾を旅行中、行きずりの現地男性に誘われるまま、彼のアパートに泊まり、乱暴されたうえ殴殺されて、犯人は遺体をごみ捨て場で焼いてしまうという悲惨な出来事があった。

被害者は不品行と無縁の女性であった。そのためにかえって、犯人の下心を親切心と勘違いして、悲劇を招いてしまったのである。

そのほかにも、ヒマラヤの麓をトレッキング中、ロッジにそっくり持ち物を置いたまま行方知れずとなったり、韓国の慶州で忽然と消息を絶ってしまったりと、女性の一人旅は危険と背中合わせなのだが、単身で出かける女性が減ったという話は聞かない。

右の三例はいずれもまっとうな目的を持った旅が挫折したもので、巷間伝えられる〝イエロー・キャブ〟の無軌道さなどとは同列に論じられないが、無防備というか、無分別というか、思慮が足りない点では共通している。

一般的にいって、いまの若い女性は、世間に対して高をくくっているところがあるように思われてならない。もちろん、きちんとした女性も少なくないことは承知しているが、人間として自分を磨こうとはせず、ただ単に女性であることにあぐらをかいて、能天気に振る舞っている女性が目についてしようがないのである。

日本の社会ではそれで通る。だが、その流儀で海外を押し渡るのは慎んでもらいたい。それでなくても厳しい国際社会の日本人を見る目が、なおのこと険しくなるおそれが多分にあるからである。

いや、現実に、もうそうなっているかも知れない。これが新婚旅行中の新妻がすることか。やっぱり日本人は不可解だ——といったように、である。

私たちが世界で孤立しないためには、台頭しつつある「日本人異質論」を打ち消す努力をしなければならない。このたびの失踪劇のごときは、逆方向に作用しかねないのである。

くだんの女性は、当人がいみじくも告白したように「軽い気持ち」でやったことが大きな騒ぎになって、彼女なりに反省しているであろうが、おそらく、そこまでは思いが至っていないに違いない。

彼女のしでかした愚行は例外中の例外ではあるが、海外で羽根を伸ばしているギャルの大半が、旅の本旨である知的世界の拡大にあたまが行っていない現状を考えると、特異なケースとして片付けるわけにはいくまい。

最後になってしまったが、男性にも愚か者が女性とほぼ似た比率でいることはいる。だが、さいわいなことに、男性が単に男性であるというだけの理由で威張っていられる時代は、すでに過去のものとなった。その代わりに、愚かな女性が出しゃばる。世の中はうまくいかないものである。

植民者二世の目で

　為さんから電話があった。とくに用件があってのことではない。東京・中野で独り暮しをしている彼は、人恋しくなると電話をかけてよこすのである。

そのお相手は、もっぱらかみさんがつとめている。だが、初めからそうだったわけではない。

　為さんと知り合ったころ、私はなるべく電話に出るようにしていた。しかし、原稿の締め切りに追われて、かみさんに断りをいわさなければならない場面が、どうしても出てくる。

　そんなことをくり返しているうち、為さんは電話をかけてくるなり、私が仕事中であるかどうかを確かめようともせず、かみさんを相手に話をはじめるようになった。一〇年ほど前、彼がわが家に飲みに来て以降のことである。

　為さんと私が出会ったのは、それよりさらに五年ほど前であったように記憶する。新宿の行きつけの飲み屋で、顔見知りの編集者から彼を「のぞきの為五郎」として紹介された。

当時、為さんは、夜の新宿中央公園を取り仕切っていた。もう少し具体的にいえば、暗がりの中のアベックを目当てにここに集まってくる男たちににらみをきかせていた、ということになる。為さんは仲間たちに、守るべきいくつかのルールを徹底させようと努めていた。その中でもっとも強調されたのが、アベックの身体に危害を加えないのはもとより彼らの持ち物を盗まないことであった、という。

彼と私を引き合わせた編集者は、当時、週刊誌の特集を担当していて、そのときはいわゆるのぞきのルポを誌面に取り上げた直後であった。その案内役兼解説者のような役目を務めたのが為さんで、その慰労の意味もあって、彼をマスコミ関係者の溜り場である新宿の店に案内したようであった。それはともかく、初対面の夜、私は彼と挨拶をかわしただけである。

週刊誌に登場したのがきっかけで、為さんに他の同種のメディアから頻繁に声がかかるようになり、「のぞきの為五郎」の名はたちまち広まっていった。

私が初めて為さんと話をしたのは、たまたま一緒になった新宿の別の飲み屋だった。お互い連れがいなかったので、カウンターの前に肩を並べて水割りの杯数を重ねているうち、なんと為さんは私と同じく「京城」生まれの「京城」育ちで、しかも一九三三（昭和八）年の早生まれであるところまで同じであることがわかった。そのうえ、為さんの家は私が卒業した小学校のすぐ裏手にあったのだという。本来であれば彼もその小学校に通うべきところを、父親の都合でよその地区の小学校に入った。

「そういうことさえなきゃ、おれたち同級生になってたかも知れないんだよなあ」

為さんにそういわれて、私は彼をたいへん身近な存在に感じた。

それからの数年間、二人でよく飲んだ。私が現れそうな場所と時刻を見はからったように、為さんがやってくるのである。それが楽しみとなった。

日本という国あるいは日本人という民族のありようについて話すとき、私はいつも対話者とのあいだに、本質的な違和感を覚える。この場合の対話者とは、日本で生まれ育った日本人のことであり、私は否応なしに、自分がこの社会における異分子であることを認めざるを得ない。

ところが、為さんと話していると、違和感がまったくないのである。驚くほど物の考え方や感じ方が似ている。そのわけはいうまでもあるまいが、彼もまた異分子だからである。

だが、二人のあいだに相違点がないというのではない。私の場合、たまたま大学を出て、ハイヤーを乗り回す新聞記者をやってしまったものだから、そうならないよう心していても、つい目の位置が高くなりがちである。だが、侮蔑の対象として暗闇に目を凝らし続けてきた為さんには、絶対にそれがない。彼の視座はいつも低いところにしっかり構えられていて、その眼光は物事の本質を瞬時のうちに見抜く鋭さに満ちている。

ある夏、こういうことがあった。くだんの編集者が為さんを定職に就かせようと、自らスポンサーとなって、彼を山梨県の自動車教習所に送り込んだ。まずは運転免許証をとらせようというわけである。

一週間だか一〇日間だかの合宿に出発するに先立って、為さんは電話をよこした。

「何日もつことやら」とかみさんと話していたら、数日後にまた電話があった。

「へ、へ、へ、帰って来ちゃった」

「思ってた通りだ」

「だって、腹立っちゃってさ。教官のバカどもが、めったやたらに威張りやがんだよ」

「そうなんだってな」

「日本の将来は暗いよ」

「ん?」

「日本の将来は暗いっていうの。だってさ、夏休みだから大学生がいっぱい来てんだけど、その連中、ちょっと教官にほめられたら、キャッキャ、キャッキャッよろこんでんだもん。このおれがそんなこといっちゃいけないんだけど、教官たって早い話が運転手くずれだろ。大学生があれじゃ、日本もいよいよ見込みなしだよ」

「――」

「実地で教えることといえば、あれするな、これするな、ああしちゃいけない、こうしちゃいけない、これぱっかりだからね。向かっ腹立ったから、おれいってやった。バカヤロー、てめぇのいう通りにしてたら、道路なんか走れないじゃねえか。おれは、昔、トラックにのってたんだぞ――ってね」

日本人には抜きがたい全体主義への志向性がある。その一端を教習所で見たというのが、為さんの報告の締めくくりであった。

実をいうと、私は早くから為さんに、「のぞきの為五郎」の通り名を捨てて、本名で文章を書くことを勧めている。それは非凡な資質を認めてのことであり、元々、彼は読書家なのだから、表現技術を身につけさえすれば、他に類を見ない異色の社会評論家の誕生は間違いない、と信じてのことである。

話が遠回りになってしまったが、このたびの為さんの電話によると、今年いっぱいでアパートの契約が切れるため、引っ越し先を探しているのだが、不動産屋で何軒も断られて、いささか気落ちしているのだという。

以下、かみさんのいうままに彼の言葉を再現すると――。

「おれ、来年の正月で還暦だよ。独り暮しで、六〇で、仕事持ってないと、部屋貸してもらえないぞ。本田さんも奥さんに逃げられたらきびしい、って、そういっといてよ」

仕事といえば、三年前の暮れから病気のためにほぼ休筆に近い状態にあった私のことを気遣って、去年の暮れに為さんは、一〇キロの魚沼コシヒカリを送ってきてくれた。追いかけて届いた手紙の書き出しは、こうなっていた。

〈これは遅きに失した病気見舞い、兼多年にわたる御迷惑申し訳ないお詫び、兼生まれて始めてのおセイボ、兼何よりも俺は元気だぞのデモンストレーションであります。貧乏人は僅か一〇キロの米に沢山の意味を背負わせるのでありますが、それでもこれぐらいの遊びができる程度には、貧乏も小康状態を保ってますので御安心ください〉

私は改めて〝救援米〟の袋を撫でた。それから一週間と経たないうちに、救急車のお世話になって五度目の入院をするのだが。

以前にこの欄でも書いたが、私は家を持たない主義でやってきた。いずれは公共の賃貸住宅が充分に行きわたるようになるだろう。何も、自分のエネルギーの大半を持ち家なんぞに費す必要はない。それが、若いころからの、私の住まいに関する根本的な考え方であった。植民者二世は、いわば根なし草のようなものである。自分の家が欲しいと思ったことは、ただの一度もない。そのあたりが、異分子の異分子たる所以であろうか。

振り返って、私は日本の政治を買いかぶっていたことになる。世界が目を三角にするほどよく働いた国民に、日本の政治家たちは生活の基本である住宅すら満足に与えなかった。今日に到るそういう状況を見通せなかったのは、ジャーナリストとしてまことに不明であり、その点については恥じ入っている。

以前に私はこの欄で、土地狂騰に際してなぜデモの一つも起きなかったのか、という主旨のことを書いたが、それはいわば公憤のなせるわざで、私的な恨み言ではない。

私のような異分子は、社会から排除される方向にある。それが現実になっても、私はあわてない。過疎の村の廃屋でも借り受けて、つましく暮らす。そのくらいの覚悟はできているつもりである。

いま自分の身の回りを見渡すと、随分よけいなものを抱え込んでしまっていることに気づく。もしかしたら、世間が与えてくれた「ノンフィクション作家」などという肩書きは、もっともよけいなものかも知れない。

敗戦は、私たち植民者二世に、全的喪失とでもいったものをもたらした。私たちは、家はおろか、友人を含めたすべてを、生まれ故郷ごとそっくり失ってしまったのである。

為さんは、いまなお、失うものが何一つない。そういう半生を送ってきた。彼との比較で私は負ける。肩書きは返上すればそれで済むとして、かみさんに逃げられたら、どうにもならない。これが私の最大弱点である。(四七回目の終戦記念日に)

日本は人種差別国か

東京に近い埼玉県南東部の草加・越谷・川口・蕨あたりで、去年（平成二年）の秋から暮れにかけて、ある噂がかけめぐったという。

その噂についてはご存じの方も少なくないだろうが、テレビが伝えたところによると、大まかにいって二種類あったらしい。

一つは、夫婦が犬を連れて土手を散歩中に襲われ、奥さんがご主人の見ている前で乱暴された、というものである。

もう一つは、被害者が夫婦ではなく母娘連れだったということになっていて、こちらの方では二人ともレイプされた、という話になっている。

双方に共通しているのは、暴漢は東南アジア系の色の浅黒い男性であった、という点である。

私は、そうした噂が主として主婦層を中心に流布されていると知って、とっさにカリフォルニアでの一件を思い出していた。

かれこれ一〇年以上も前になろうか。そのとき私は、ロサンゼルス市内にアパートを借りて長期滞在をしていた。

ちょうどその時期、ロサンゼルスの衛星都市の一つであるガーデナで、日本人駐在員とその家族を中心に騒ぎが持ち上がった。

日系企業が経営するショッピング・センターのトイレで、日本人駐在員の妻が暴漢に襲われて麻酔剤を注射され、車で連れ去られて強姦されたあとトーレンスで投げ捨てられた、という噂が立ったのが、その発端であった。

ちなみに、トーレンスもロサンゼルスの衛星都市の一つで、ガーデナと並んで日本人駐在員の多い町である。これを裏返せば、黒人やヒスパニックが少ない町だということになる。

噂は噂の域にとどまり、この種の出来事には敏感なはずの現地邦字紙もこの話題にはふれなかった。それで、かえって、噂が噂を呼ぶ。客の減少を恐れたショッピング・センター側が裏から手を回して記事にするのを抑えているのだ、といったようにである。

先の噂に別の噂が加わった。ショッピング・センターから出て来た駐在員夫人が駐車場で黒人にライトバンに押しこめられて、乱暴されたあげく刃物で指を切り落とされ、していた指輪をその指ごと奪われた、というものであった。

真相究明を求める声が日本人のあいだで高まり、代表がショッピング・センター側に説明を求めた。両者の会談が実現し、席上、噂は事実無根であるとの回答がなされる。だが、代表はそれに納得せず、ついに署名運動に立ち上がった。集められた署名の数はトーレンスなどの分を含め一五三にのぼった。ある調査によると、一九八二年末におけるガーデナ在住の駐在員数は一六八人だから、たいへんな数である。

この署名をもとに、ふたたび両者の話し合いの場がもたれた。そこには地元の市議と市警察の刑事部長が同席した。

刑事部長は、噂に該当する犯罪事実はない、と言明し、もし被害者がいるのであれば届け出てほしい、と住民側に要請した。

ショッピング・センター側は、噂の元になったと思われる二つの事例を明らかにした。

その三年ほど前、センター内で甘栗を売っている韓国人女性が、トイレに入っていて黒人の男性にのぞかれた、というのが一つである。もう一つは、ほぼ一年前、九歳になる白人少女が痴漢（犯人不明）にいたずらをされそうになって手に軽いけがをした、というものであった。

おそらくこの二つに尾ひれがついて流布されたのが事の真相であろう、という結論になって、日本人社会の騒ぎは沈静化するのだが、そこには、しょせん噂とはそういうものだ、といったふうに簡単には片付けられない問題が含まれている。

ガーデナで噂を口にした人たちが、「犯人」に擬したのは、黒人（もしくはヒスパニック）であった。もはやいうまでもあるまいが、噂は人種差別に根ざしていたのである。

その後、中曾根元首相、渡辺元政調会長の差別発言が相次ぎ、近くは梶山法相の「悪貨」論もあって、わが日本は南アに次ぐ人種差別国の印象を世界に植えつけてしまった。

このたび埼玉県下をかけめぐった噂話は、古い世代に属し、人権思想を欠いている保守党の指導者ばかりでなく、戦後の民主主義教育の下で育った新しい世代も同じ差別主義者であることを証明してみせた。

皮肉な言い方をあえてすれば、アメリカへ出掛けて行ってまで差別思想をあらわにする日本人であるから、国内で他民族を蔑視するのはしごく当然、ということになろうか。

ご承知の通り、埼玉県の南東部は、東南アジアからの出稼ぎ労働者の多い地域である。わが国の入管法は単純労働者の受け入れを認めていないため、彼らが日本国内で働くにはその大半が「不法滞在者」とならざるを得ない。

現に法律に違反しているのであるから、彼らの上に「不法」の二文字がかぶされるのは不当とはいえないであろう。しかし、彼らにおける「不法」は即、反社会的行為を意味しはしないのである。

むしろ、彼らは日本の社会に役立っている。

周知の事実だが、埼玉にかぎらず首都圏の町工場や土木工事の現場では、極度の人手不足に悩んでいて、外国人労働者は不可欠になっている。それも、元はといえば、日本の若年層がいわゆる3Kを嫌うようになったからであり、その穴を外国人労働者が埋めているのである。

私は以前に、この問題で前記の一帯を取材して歩いたことがある。そのときの見聞を元にいうのだが、雇い主や日本人の職場仲間のあいだでの外国人労働者の評判は上々であった。たいへん真面目で残業もいとわずよく働く、というのである。

彼らの目的は、一銭でも多くの収入を得ることにあり、ほとんどが生活を切りつめて、その半分以上を国許に送金するなり、将来の事業資金として手元に蓄えるなりしている。そのために働く労を惜しまない。

きわめて例外的に、同胞のあいだの殺人や強盗事件が報道されることがあるが、犯罪とのかかわり合いの少ないのが、外国人労働者のもうひとつの特徴といってよい。

不法滞在者である彼らは、道を歩いていても、絶えず周囲に気を配っている。官憲の目に触れて強制送還になるのを恐れているからである。バングラデシュを例に引くと、その国民所得は日本のおよそ一〇〇分の一である。私が会ったなかの一人は国立ダッカ大学の修士課程を終えたといい、なるほどと思わせる英語を話したが、国では就職口がないとこぼしていた。かりに働けたとしても、一日で一〇〇円になればいい方だという。

彼らが犯罪に手を染めないのは、もちろんモラルに支えられているからであるが、強制送還で日本という絶好の働き口を失いたくないという事情も手伝っているのであろう。

それが下衆《げす》の勘繰りであるというのなら、私はむしろ喜んで撤回しよう。その場合でも、最低限こうはいえる。彼らは「不法滞在者」であることを意識すればするほど、言動に注意しなければならず、実際にもそうしている。日本人に嫌われたらいい結果にならないことを他のだれよりもよく知っているからである。

そうした外国人労働者たちがこのたびの根拠のない噂話で、どれほど傷ついたことであろう。私は、テレビ・カメラに向かって語る主婦たち（一部女子高生もいた）の表情を見ながら、何と想像力の貧しい人たちであることか、と考えるうち、憤りで身体がふるえてきた。

ここで、「国際化」を持ち出せば、紋切り型とそっぽを向かれるのが落ちであろう。

だから、それはいわない。

ただ、どうしてもいっておかなければならないことがある。

わずか四十数年前、私たち日本人はみな貧乏であった。その一人として育った私は、ジャーナリストになってアジアやアフリカや南米などの貧しい地域を旅するとき、いつも自分がかつての「進駐軍」になったようなうしろめたさと居心地のわるさを味わった。

たとえば、輪タクの少年にせがまれて、断わりきれず客になったとしよう。私が支払う料金は、彼の家庭（たぶん子沢山であろう）にとって、なにがしか助けになる。それがわかっていても、少年のシャツの背中から吹き出てくる汗を見ていると、シートにおさまっているのが罪悪のように思えてくる。その場で輪タクを止めて約束の料金を手渡し、こそこそと逃げ出したい気持ちになる。そうはしなくても、目的地に着くまで、あれこれと自分で自分に言いわけをせずにはいられない。

そのような私からすれば、汗水垂らして日本社会の底辺で働いてくれている人たちを蔑視するなど、絶対に許せない。

私が同胞に向かっていいたいのは、次の言葉である。

「いったいお前は何様なのだ」

日本的経営そして日本人

私の知人に地方都市でイカ、タラ、サケを珍味に加工する会社を経営している人物がいる。

知り合ったとき、彼は大手出版社の編集者であった。ところが、六年前に創業者である父親が病気で倒れたため、一人息子の彼は四〇代で家業を継いだのである。いわゆる二代目社長だが、最近送られてきた会社案内を読んで、新しい経営感覚とでもいったものを感じた。

その会社案内は、内容のすべてを彼のかつての仕事仲間であったノンフィクション作家木村幸治氏にゆだねており、その結果、全体が一篇の読み物になっている。〈雑誌編集をするつもりで、〝外〟からできるだけ客観的に見た会社像を表現してもらうことにした〉と社長は挨拶文の中でいう。

情報社会の先端を生きてきた彼は、従業員三〇〇人の会社に最新のコンピューターを導入して、科学的情報とデータに基づく経営の改革を手掛けてきた。最も効果を挙げたのはアイテムの大幅削減である。

彼が社業を引き継いだとき、会社が生産する珍味のアイテムは一四〇〇にものぼっていた。会社案内によると、その背景はこうであった。〈当時、個性化した消費者ニーズの名のもとに、少量多品種がうたわれ、メーカーは供給過剰の戦いの中で、川下の要請にこたえなければ取引さえ危うくなるという危機感から、どんどん〝新製品〟を投入した。他社との差別化、商品ごとの差別化が要求され、にわか作りの商品がどんどん増え、またたく間にアイテムの洪水になった〉

社長は一四〇〇のアイテムを半分に減らすように指示する。これに古い社員が反対した。アイテムを削れば全体の売り上げが落ちる、というのである。セールスマンたちは、得意先に怒られる、という不安を口にした。

だが、最終的に物を言ったのは、社長が示したデータであった。商品を売れ行きの順に並べてみた結果、下位数百種で売り上げ全体の一％しか占めていないことが明らかになっていたからである。

社員たちも納得して、社長の方針通りアイテムを半分にカットしたが、売り上げは落ちなかった。原料や製品の在庫が減った分だけ経費の節減ができ、しかも管理が容易になって商品の劣化防止につながったという。

だが、私が興味を惹かれたのはそうしたことではない。今年の春闘で労働時間の短縮が大きな眼目になったが、この珍味生産加工会社のちょっとした改革に時短を考える一つのヒントがあるような気がして、ここで取り上げてみることにしたのである。

この会社では珍味の一貫生産体制をとっているが、それが小ロットのものであろうとも、アイテムごとに製造ラインを組みかえなければならない。なんという手間であろうか。それも、会社の利益につながるというのであれば、やらざるを得ないであろう。しかし、前述のとおり、数百種を合わせても売り上げの一%にしかならないのである。そこに振り向けられる手間は、徒労に近いのではあるまいか。

たとえ会社は儲からなくても、そうして生み出された商品が人々の暮らしに大いに役立っているのであれば、社会的意義はある。でも、世の中が一四〇〇種もの珍味を求めているとは、とても思えない。

珍味の元々の意味は、めったに味わえないおいしいご馳走のことだが、だれもが真っ先に思い浮かべるのは、イカの燻製、味つけタラ、サケのふりかけのたぐいであろう。カラスミやコノワタといった高級品もあるにはあるが、一般的にいって手軽で安価なその場しのぎの食品であり、むしろご馳走の対極に位置するものであろう。

それ自体は決してわるいことではない。しかしながら、その程度の食品を一四〇〇種も生み出してしまう日本の社会は、諸外国とくらべて明らかに異常であり、食文化の多様性の表れと胸を張ってばかりはいられない気がするのである。

日本産業界の特徴の一つは、同業他社との横並びであり、珍味のアイテムの洪水も横並びの競争からきている。同様のことは他業種でも広範に起きているに違いない。

日本人は平均して年間に二一二四時間働いている。だが、これは表向きの数字で、いわゆるサービス残業などを加えると、総労働時間は二三〇〇時間を超えるという。

表向きの数字を基準にしても、日本人はドイツ人より五〇〇時間、イギリス人より二〇〇時間も多く働いており、この面では大きな遅れをとっている。

政府は当面の目標を一八〇〇時間に置いているが、これは週休二日制の全面実施、年次有給休暇（一五日から二〇日間）の完全消化、残業は一五〇時間までというのが前提になっており、実情とはかなりかけ離れている。ある自動車メーカーは、今年中に二〇〇〇時間を割るよう「ノー残業デー」を設けるなどして、時短に取り組む姿勢を見せているが、それが話題になるようでは他は推して知るべしであろう。

いまさら書くまでもないことだが、首都圏などで働く人たちには、長い労働時間に加えて、通勤時間が苦痛になっている。

テレビを見ていたら、次のようなシーンがあった。場所は上野駅の常磐線ホームである。中年の男性がキヨスクで何やら買い求めた様子。ビニール袋の中をカメラがのぞくと、缶ビールが六個入っている。

その男性は都内に勤めるサラリーマンで、これからホームに入ってくる電車の席をとり、通勤で顔馴染みになった仲間たちとそこで一杯やるのを習いにしているのだという。

それはそれなりに楽しいのかも知れない。しかし、朝はまだ暗いうちに起き出して、夜は星空の家路をたどる。その彼を辛うじて癒すのが、袖触れ合った同じ身の上の男たちとの車中での小宴とは、想像しただけでもあわれでならない。

おそらくは、その小宴に供されるのが珍味である。そこからの連想でいうと、わが国のビールの種類のなんと多いことか。酒屋のご主人たちに聞いてみても、たぶんだれ一人として正確な数は答えられまい。味の差異に関してはいわずもがなである。それなのに、新製品が次々と出る。ばかげていやしないか。

前で紹介した会社案内にもある通り、〈個性化した消費者ニーズ〉にこたえるという名の下に、メーカーは横並びの競争に生き残りを賭けて、求められてもいない商品まで市場に氾濫させている。競争の原理は消費者の利益にかなうとはいうものの、いまの姿はそこからはみ出してしまっている。

日本は世界の嫌われ者になった。なぜそうなったのか。日本的な商売のやり方が嫌われたからである。

なんでもかんでもつくって、世界中に売りまくる。日本製品は安くて品質がよいので、よく売れた。だが、それと軌を一にして諸国の経済を揺るがせはじめ、それらの国の人々が守ってきた暮らしの伝統を脅かすに到ったのである。「反日」は、一面において、彼らの悲鳴でもあった。

いい物を安く売るのは善である、という日本人の考えは改めなければならない。

――先頃表明されたソニーの盛田昭夫氏の反省の弁に、私も同感である。

ところで、日本はもはや低賃金国ではない。名目上は、賃金の高い部類に属している。だが、大方の国民は豊かさを実感していないし、実際にも暮らしの中身は先進国の中で際立って貧しい。

総労働時間が長いということは何を意味するのか。賃金の問題を含めて、それだけ働く人たちの人間としての値打ちが安く見積もられているということである。

経営者は、経営の圧迫要因にならない程度の過勤料で社員たちに残業をさせ、彼らから人間らしい暮らしを奪っている。困ったことに、日本の労働組合は企業別組合だから、こちらも横並びで、経営側と徹底的に闘うことをしない。しょせんは、柵の中で黙々と草をはみ、時期がくればおとなしく毛を刈らせる羊の群れのごときものである。

知人に話を戻して、彼が自社製品の種類を半分にカットしたのは、経営者として評価されてよいであろう。だが、それでもなお七〇〇種もの製品を手掛けているのは尋常ではない。頻度こそ減ったには違いないが、小ロットごとのラインの組みかえはいまも続いているはずである。私には、それが日本的な光景に思えてしようがない。

会社案内では触れていないが、私の勝手な想像では、知人の改革も従業員の時短にまでは及んでいないと思われる。

彼の会社で働く人たちも、職場を離れれば消費者であり、食卓に七〇〇種もの珍味が必要ないことはもちろん知っている。そうであるにもかかわらず、彼らをしてこまめにラインを組みかえさせているのは、日本的風土ということになるのであろう。

商品棚が多品種で彩られているのは一見豊かそうだが、そのうらには人間として低く遇されている人たちがいる。その人たちがおとなしいおかげで、会社も国も保《も》っているのだけれども。

書店との結びつき

私の父はたいへん気難しい人間で、ふだんは家にいても、子供たちとめったに口をきかないのだが、私が小学校の高学年に進んだころから、ときたま日曜日の午後に声をかけてよこすようになった。当時、私たちの一家は京城に住んでいて、新聞を隅から隅まで読むなどして時局にうとくなるまいとする父が、本町通りという繁華街のデパートの地階にあるニュース専門の映画館に出掛ける際、そのときの風向き次第で私がお供を言いつかるのである。

常日頃、私は、いつカンシャク玉を落とすか知れない父からわが身を遠去けているのだが、そのときばかりは嘻々として父に随いて行った。二人だけで行動する時間は苦痛なのだが、行儀よくしていて父の機嫌さえ損じなければ、帰りにデパートのはす向かいにある書店に立ち寄って、私の好きな本を一冊買ってくれるからである。

そのころに大日本雄辯会講談社から「少年講談」というのがシリーズで出ており、私は『荒木又右衛門』『岩見重太郎』『猿飛佐助』『尼子十勇士』『田宮坊太郎』……といったふうに、それを一冊ずつ揃えていった。

そのほか、山中峯太郎の『敵中横断三百里』『亜細亜の曙』『大東の鉄人』といった本郷義昭ものや、南洋一郎の『密林の王者』『吼える密林』『緑の悪人島』などいわゆる海洋冒険物語も気鬱な父のお供の代償として私の本棚に並んだ。

私はいつの間にか、独りで書店へ出掛けて行き、次に買ってもらう本をあらかじめ品定めするようになった。父はきわめて自然なかたちで私を書店に結びつけてくれたことになる。

父はありふれたサラリーマンだったが、学生時代からかなり読書が好きだったようで、書斎の壁は本で埋まっていた。

潔癖症でもあった父は書斎に子供を近づけない。だが読書の味を覚えた私はやがて出張が多い父の留守中に母の目を盗んで書斎に忍び込み、大人の本を拾い読みするようになった。

最初に本棚から引っ張り出したのは、夏目漱石全集の中の『吾輩は猫である』であった。題名が面白そうだったので、手にしたのだが内容は難しすぎてさっぱりわからない。『坊ちゃん』の方が、まだしもましであった。記憶に間違いがあるかも知れないが、たしか『それから』と『門』は一冊におさめられていたように思う。これも小学生には荷が重すぎた。

漱石の次に手を出したのは吉田絃二郎全集の中の一冊である。全部で十数巻あって、その最後が『童話集』になっていた。それを読んだのが小学校五年になってからで、いまはもう内容をすっかり忘れてしまったが、やたら物悲しい気分にとらわれたことだけははっきり憶えている。一一歳やそこいらで、吉田文学の特色である人生の悲哀やら生きるうえでの寂寥感がわかる道理はない。だが、見知らぬ土地の夕景色の中に独り取り残されたような感覚が、あのときの私にはあった。思えば、これが、読書を通じて人生らしきものに触れた最初である。

昭和二〇年、中学生になった私は、夏休みに入ったところで敗戦を迎えた。父は勤めていた会社の残務整理責任者に指名され、私たち家族を先に帰して京城に居残る。翌秋、引揚げて来た父は、京城の家を引き払うにあたって、蔵書のすべてをわが家のかかりつけの医院の代診であった朝鮮人の医師に引き取ってもらったという。その医師は阪大の出で敗戦直前に死んだ私と六つ違いの妹の最期を看取ってくれた。父は彼が読書家であることを知って、蔵書を別れの贈り物にしたのである。

もともと病弱であった父は、残務整理の無理がたたってすっかり健康を損ね、焼野原の東京で始まった無一物の引揚家庭の生活は困難をきわめた。食べるにも事欠いて、読書どころではない。私が書店とふたたび出会うには、たまたま日本経済の立ち直りと軌を一にして父が健康を回復するまでの歳月が必要であった。物書きの世界に連なる私には、その間の読書のブランクが、いまとなっていよいよ痛い。

カタギが競馬をやる時代

「五月」の「東京」の皐月賞とは何だ

今年は、クラシックの第一関門である『皐月賞《さつき》』と、ダービー・トライアルである『NHK杯』が、東京競馬場で同じ日（五月三日）に行なわれた。四月一四日に予定されていた『皐月賞』が年中行事となりつつある馬手ストで流れ、三週遅れて『NHK杯』の日にシワ寄せされたためである。

いまさら説明も不要だと思うが、サラブレッドの内国産明け四歳馬にとって最大の栄誉は、『皐月賞』、『ダービー』（正式には東京優駿）、『菊花賞』を合わせ制することだとされている。この三つのレースに優勝したのが、俗にいう「三冠馬」であって、日本の競馬にクラシック体系が持ち込まれていらい、昭和一六年のセントライトと、三九年のシンザンしか、これに成功していない。

『皐月賞』は昭和一四年に横浜競馬場で始まり、当初、距離は一八五〇メートルであった。その後、横浜競馬場の廃止にともなって東京競馬場で行なわれた時期もあったが、戦後の二四年に中山競馬場へ移り、翌二五年から距離二〇〇〇メートルに改められた、いらい『皐月賞』というのは、その名前に背くが、四月の中山の名物レースとされてきたのである。

ついでにいうと、『ダービー』が始まったのが昭和七年の目黒競馬場で、その翌々年に東京競馬場へ移された。こちらの方は、レース創設いらい二四〇〇メートルという距離にかわりはない。『菊花賞』は、第一回の昭和一三年から、距離三〇〇〇メートルと定められ、京都競馬場で一貫して行なわれてきている。

さて、今年の『皐月賞』の中山開催が馬手ストで流れたことについて、スポーツ紙では、馬手労組の反省を求める意見が圧倒的であった。

いささか専門的になるが、クラシック体系の価値を認める以上、そこに組み込まれたレースは、あらかじめ定められた日に、定められたコースで行なわれないことには意味がない。

これを『皐月賞』についていうなら、「四月」の「中山」で行なわれてこその『皐月賞』であって、「五月」の「東京」では、まるで別物になってしまう。

馬主から若駒を預かる調教師、騎手、馬手は、三者一体となって、三歳の秋から翌年のクラシックに向けてスタートを切る。そこに至るローテーションが、馬の個体差に応じて綿密に組まれるわけである。

いかに素質馬であろうとも、いきなり厩舎《きゅうしゃ》から引き出されて、レースに勝つことはできない。調教を積み、競馬用語でいうと、レースを使われて、徐々に能力を開花させていく。

ストで狂った番組体系

この春、クラシックを目指す四歳馬の関係者たちは、当然のこと、ターゲットをまず『皐月賞』に据えてローテーションを組んできた。それが、馬手ストによって、大きく乱されてしまったのである。

近年、『ダービー』で人気になるような馬は、『皐月賞』を戦ったあと、本番までレースに姿を見せない傾向になってきている。『NHK杯』を使うと、目に見えない疲労が中二週間後の『ダービー』に残るおそれがあるからである。

そこで、『NHK杯』には、『ダービー』で大望を抱くことができない馬か、あるいは、それまでに『ダービー』の出走権を得られなかった馬が出てくることになる。このレースで五着以内にはいると、『ダービー』に出場の機会を与えられることになっている。

ともかくも、クラシックレースと、そのトライアルレースでは、まるで価値が違う。というより、価値を違えるように番組がつくられているのである。その体系を、待遇改善を要求する馬手たちが、一時的にしろ、めちゃめちゃにした。彼らに非難が集まったのも、いわば当然の成り行きであった。

さらにつけ加えると、問題は開催の時期にばかりあるのではない。『皐月賞』は、中山競馬場の二〇〇〇メートルで行なわれるから意味がある。

ここのコースは内廻り《うちまわ》一六九九メートル、外廻り一八七五メートルで、いわゆる小廻りコースになっている。『皐月賞』二〇〇〇メートルの場合、スタンド前からスタートを切って、内廻りコースを行き、四つのコースを経て、ゴールへ向う。最終コーナーをまがり切って、決勝ラインまでの直線は約四〇〇メートルで、東京競馬場のそれより一〇〇メートル以上短くなっている。

こうした中山コースの設計は、一般的に、逃げ馬に有利である。先を行く馬は、インコースをとり、後続馬が差をつめにくいコーナーごとに息を入れ、自分のペースにレースを持ち込んで、短い直線を逃げ切ってしまうことが、比較的容易だからである。

同じ二〇〇〇メートルのレースといっても、東京競馬場の場合だと、スタートは一コーナー寄りのポケット地点からで、まわるべきコーナーは中山より一つ少ない。しかも、前にいったように、ここの直線は長いから、どうしても先行馬は追い込み馬につかまりやすい。

このように、二〇〇〇メートル競走といっても、中山と東京では、レースの様相がはなはだしく異なってくる。「五月」の、しかも「東京」の『皐月賞』というのは、ザルソバを注文したら天ぷらウドンがきたようなものではあるまいか。

三冠馬の価値は、好調の持続が至難なサラブレッドが、春から夏、夏から秋へと三つのシーズンを乗り切り、中山の二〇〇〇、東京の二四〇〇、京都の三〇〇〇メートルとコースと距離をたがえて、それぞれのレースについて生涯ただ一度しか与えられない挑戦の機会をものするところにある。今年がダメなら来年、というのがきかない。それがクラシックレースというものなのである。だからこそ、そこにロマンが生まれる。

大げさにいうと、一握りの馬手たちは、自分の経済的要求のために、何百万、何千万ファンの夢をこわした。競馬が遊びではなかったら、ゼネストで足を奪った国労・動労に対すると同じ〝憤激〟が、彼らの上にふり注いだであろう。

彼らは、その〝闘争〟のピークに、自分たちの管理する馬を三日間も馬房に閉じ込めて、調教はおろか、毎日欠かせない曳《ひ》き運動も怠ったのであった。コンディションの崩れやすい競走馬に、これでは、完全な能力発揮を期待することができない。

私は、五月三日の『皐月賞』を、認めるわけにはいかなかった。といっても、この私にできることはといえば、当日、競馬場にいかないだけのことである。

その決心をしたのは、当初の中山開催が流れた四月一四日であった。しかし、そうは心に決めながらも、いざその日になれば、前夜からソワソワしだすのではないかという危惧が自分に対してあった。

いま、ささやかな〝ボイコット〟に成功した私は、決して短いとはいえない競馬熱が、ここへきて急速にさめつつあるように感じている。

つきまとったうしろめたさ

私が競馬の世界にひき入れられたそもそもは、渋谷のサツ回りをしているときであった。渋谷署の記者クラブに詰めている競争紙のKが、土、日になると、きまって落ち着かなくなる。三〇分ごとに表へ出ていっては戻り、また出ていくというふうなのである。

彼はその後、地方紙の経営者の娘をもらい、やがてその編集局長とかで迎えられたが、仕事にきわめて熱心な方ではない。出たり入ったりも、デカ部屋回りとは思えなかった。

ある日、彼のあとをつけてみると、スタスタ表玄関を出て、署の前の横断歩道を急ぎ足で渡る。行先は、いまは移転したが、目とハナの先の場外馬券売り場であった。

そのころ、競馬の実況放送などというものはない。レースの経過は、たぶん有線で、競馬場から場外へと流されていた。彼は発走時刻になると、それをききに、クラブを脱け出していたのである。

Kの手引きで、私はたちまち競馬のとりことなった。年かさの彼は、のちにそれを後悔したのだが。昭和三一年秋のことである。

そのころはまだ、競馬は社会に〝認知〟されていなかった。競馬ファンには、一種のうしろめたさがつきものであった。Kが場外通いをわれわれ仲間に隠していたのも、そういう意識が働いてのことであったろう。

あまり大っぴらにはいえないのだが、新聞記者に賭《か》け事はつきものである。社会部に配属されたかけ出しは、まずサツ回りに出される。他社の先輩記者にまず教えられるのが、花札のコイコイ、あるいは麻雀である。

勝手な弁解をすれば、事件待ちといった仕事の性格上、止むを得ないのかも知れない。当時、他の警察でも似たり寄ったりだが、渋谷署のクラブは玄関を入った左手の廊下の隅にあって、簡単な板仕切りをしただけのスペースである。お互い気を配っていても、花札を叩きつけたり、牌《パイ》をかきまわしたりする物音が外へ洩れる。外来者にとって、それはまさに信じがたいものであった。賭博の取締当局の内にあって、白昼、「コイ」だの「ポン」だのが堂々と行なわれているのだから。

分別のつく年ごろになって思い返すと、冷汗ものだが、そのころは、さしたる反省もなかった。〝家主〟の警察も黙認である。新聞記者は、世間でいわれる通り、まだ

〝インテリ・ヤクザ〟であった。

昔の恥を持ち出したのは他でもない。賭け事に免疫の新聞記者のあいだでさえ、競馬は白眼視されていた。そのことをいいたかったのである。

サツ回りを終えた私は、やがて内勤になった。そのころになると私の〝病気〟は重症になっていて、場外では飽き足らず、毎休日の馬場通いが始まっていた。

レースがある日の前の夕方に、前夜版というのが出る。いま売られているような本格的なものではない。ワラ半紙の片面に出走予定馬の追い切り（最終調教）の時計を印刷し、もう片面には、出走馬の一覧表がのっている、しごく簡単なものである。〝デンマ表〟といわれていて、出走馬の確定から印刷まで時間のゆとりがないから、一覧表の方はガリ版刷りであった。いまのように、出走馬名の下に過去五戦のデータが詳細に刷り込まれているということはない。

金曜日、土曜日の夕方になると、当時有楽町にあった新聞社を脱け出して、待ちかねたように駅へ行った。〝デンマ表〟は四つに折られて、新聞スタンドの片隅にひっそりと置かれていた。そいつを求めると、あわてて内ポケットにおさめ、麻薬のバイ人のように、あたりをうかがったりしたものである。

失意の同好者

そうした日の夕方、私は新聞スタンドで〝デンマ表〟を買っている、思いもかけぬ人物を見かけた。社会部の先輩で、名前をSといい、花札はおろか、麻雀にも手を出したことのない、マジメな人柄なのである。

彼は召集で満洲に持っていかれ、シベリアで長い俘虜生活を送った。そのときの栄養失調がたたって、目が弱く、いつも薄いサングラスをかけていた。出しゃばること の嫌いな、しごく控え目な性格だったから、過当競争気味の新聞社には向かなかったともいえる。派手な仕事は、彼を避けて通っていくようであった。

七〇人から部員がいた社会部の中で、馬券に手を染めているのは自分一人と思い込んでいた私にとって、この発見は大変うれしいものであった。私はかねがね、Sをもっとも好ましい先輩記者と見ていたせいもある。後輩である私がいうのは僭越《せんえつ》だが、記者の力量からいえば、Sは同年輩のだれにもひけをとらなかったと思う。

その日から、二人は同じ〝信仰〟で結ばれた。〝デンマ表〟の時間になると、どちらからともなく目くばせして、二人は駅に向い、社の同僚がきそうにない喫茶店の、しかも隅の方を選んで、勝馬予想にふけったものである。

いまは調教師、騎手の予想が禁止されているが、当時、これをさまたげるものはなかった。Sは、高橋英夫騎手（現調教師）のファンで、彼が印をつけている〝デンマ表〟をきまって買った。

高橋は中山の所属で、逃げ馬に乗るのが得意であった。全盛期の彼は、いわゆるタメ逃げで、人気薄の馬を、しばしば頭（一着）に持ってきた。落馬事故で鎖骨骨折を二度だか三度繰り返し、不振のまま引退するが、ちょうどそのころ、彼は全盛期にあった。

臆測《おくそく》にしかすぎないのだが、Sは高橋騎手の上に、本来あるべき自分の姿を見ていたのではなかっただろうか。

Sは、競馬でいうと、大きく出遅れた馬であった。シベリア生活と、そのあとに続く療養のため、同年輩の記者より数年入社が遅れている。出身校がすべてをきめはしないが、彼は一流大学の出であった。スタートさえまともに切っていたら、違ったレース展開が彼の前にひらけていたはずである。高橋が演じてみせる鮮やかな逃げ切り勝ちは、人生の舞台で、Sには初めから約束されなかったのである。

私はまだ最年少の遊軍記者という身分で、格付けが済んでいない未出走・未勝利馬のごときものであった。その私も、入社一六年で〝骨折〟して終るのだが。

らであったろう。

認知されて堕落

社会部の中で、Sと私は、隠れキリシタンのような存在であった。比較的〃自由業〃の気風が強い新聞社でさえ競馬は憚《はばか》られたのだから、まともな職場では、なおさらであったろう。

〃バイブル〃に相当するものとして、毎週月曜日に出る競馬雑誌があった。これに前の週の成績がのる。この雑誌は、専門的知識のない私は何という判なのかわからないのだが、小ぶりになっていて、ポケットにおさまるサイズであった。ときの社会通念に従えば、公然と持ち歩くことのできるシロモノではなかったのである。いまも一部はこの体裁をとどめているが、全体として大型化の傾向にある。つまりは、競馬が社会に認知されたということなのであろう。

信仰は、それが社会によって認められたとき、急速に堕落を始めるもののようである。昨今は、競馬をやらない方が変人奇人扱いで、競馬ファンと称する人々の臆面のなさはどうであろうか。

「ここはよお、ハナッぱやいのが揃ってっからよお、ガリガリやってよお、テンが速くなるって、オレがいったろう。そうすりゃおめえ、あとからくるこの二頭できまりじゃねえか。それしかねえ。絶対だっていってやったのに、どうして買わないんだ」

そんなことを、電車の中で、声高にしゃべっている若者に出くわす。ヤクザだって公衆の面前では仲間うちのフチョウを使うのは遠慮するのに、何という慎みのなさだろう。たぶん、彼らは〝カタギ〟だからである。

馬を一万頭見れば、その好不調を見分けられるようになるときかされて、私は雨の日も、風の日も、パドックに足を運んだ。これまでに見てきた馬の数は、延べにして、その一〇倍にも二〇倍にもなる。

私は、場外で馬券を買わない。馬は新聞の印に従って走るのではなく、レース当日の調子で走ったり走らなかったりする動物だからである。

いくら人気を背負っていても、こない馬はこない。全部が全部とはいわないが、やっとその見当がつくようになった。一日の全レース的中を二度果したこともある。サラリーマン時代のほぼ一年間の年収を、一日で手にしたこともあった。

人生のもっとも大切な時期に、他のあらゆることを犠牲にして競馬に注ぎ込んだのだから、そのくらいのことが一度や二度なければおかしい。その私が得た結論は、ごく平凡な言い方だが、競馬に「絶対」はない、ということであった。私の内側で「必敗の信念」はいよいよ強固になるばかりである。

競馬に「絶対」があるのなら、会社に通う必要はない。全国のサラリーマンのあらかたは、心すすまない勤めを即日やめて、競馬に生計を求めるであろう。

昔のファンは、もうちょっと、自分に対する慎みも、他人に対する思いやりも持っていたように思う。的中馬券は、四囲の迫害にも屈せず、ひたすら信仰を貫き通した真摯《しんし》さにむくいる、神からの賜物であって、ひそかに感謝を念じても、傍若無人に叫び立てることはしなかったものである。競馬場における絶対多数は、自分の至らなさを恥じている、ときどきの敗者であることを忘れてはならない。

私にとって、競馬がだんだんつまらなくなり始めたのは、一〇年前、シンザンの出現いらいである。競馬場に、にわかに〝カタギ〟がふえ出した。そして、競馬の大衆化は、去年のハイセイコー・ブームによって、異常としかいいようのない広がりを見せた。

大衆は競馬を〝楽しむ〟

直接、関係者からきいた話だが、スポーツ紙の編集陣も、テレビの番組制作スタッフも、上層部にハイセイコーを積極的にとり上げるよう、指示を受けていたという。ハイセイコー・ブームは、明らかに営業政策に沿ってつくられたものであった。

この地方競馬出身のサラブレッドが、傑出した競走馬であることを、私も否定しない。しかし、「怪物」と持ち上げることには、いささか競馬を知っている人間は、みな同意しなかった。私もその中の一人である。

去年、ダービーを前にして、私はある週刊誌に、ハイセイコーについてのコメントを求められた。そのとき私は「たぶん三着だろう」と答えている。そして、結果はそうなった。

その翌日、私にコメントを求めた編集者が電話をかけてきて、儲《もう》けただろうという。残念ながら、私は馬券をはずした。一着と二着を当てるのが連勝式馬券というやつで、三着では複勝式でも買わないかぎり、金にはならないのである。

「三着」だといったのは、山カンといえばその通りだが、私にはその根拠はあった。その前走でハイセイコーが出した時計は、同じ日の下級条件馬のタイムより遅かったというのも、その一つである。別々のレースを一つに論じることはあまり意味がないが、ハイセイコーが、もしそのレースに出ていたら、負けていたことになる。かりにハイセイコーが怪物であるのなら、馬ではないわけだから、どのような馬と、どのような条件で戦っても、勝たなければおかしい。私は、前のレースとの時計の比較をとり上げて、「ハイセイコーも馬だ」といったのであった。短距離血統からいって、たぶん、『ダービー』で勝つことはない。ただし、弱い馬ではないので、三着以下に落ちることはないであろう、そう考えただけのことである。

ジャーナリズムが競馬熱をあおり立てるようになってから、競馬場は〝カタギ〟で連日、超満員である。他人がすることを自分もしてみないことには気の済まないのが大衆といわれるそこいらの人たちで、それこそ見境もなく競馬場になだれこんできて、私から蹄音の響きと、マグサの臭いを奪った。昨今では、パドックの最前列にも、馬場のサクにも近寄らないのである。

いったいこの人たちは、競馬を何だと考えているのだろう。女王陛下の持馬が出る、本場の〝キング・オブ・スポーツ〟は知らない。私の了解するところ、日本の競馬は、本質的にバクチであって、競馬場というのは、のどかにスワンを浮べ、四季折り折りの花壇をしつらえようとも、一皮むけば鉄火場なのである。カタギのくるところではない。

わけ知りは、したり顔でいう。

「そうです。競馬は上手に楽しめばいい。生命から一三番目の金を賭けるのです」

それもいいだろう。しかし、そういう人たちは、公社債か、投資信託でも買った方がいいのではないか。

バクチは、しょせん、不毛である。家屋敷を失い、妻子に去られてなお、やめられないのがバクチだったはずである。そのように、反社会的であるからこそ、カタギは競馬ファンに白い眼をむいてきたのではなかったのか。

いまさらながら、私が競馬に足を踏み入れたことの理由づけをしたいとは思わない。ただ一つだけいえば、大衆と呼ばれる不特定多数にこび、へつらい、迎合し、発行部数の維持に汲々《きゆうきゆう》として、そのあげく自分までもが〝大衆化〟の道を歩き始めた新聞記者というものに、飽き足りない感じを抱いていたのは事実である。

もう鉄火場ではない

競馬というとき、懐かしさをもって思い出すのは、かつての中山の師走である。いまは撤去されてしまったが、向う正面にそそり立つ高圧電線の鉄柱をからっ風が揺すり、スタンドでは、はずれ馬券が巻き上がっている。レースが終ると、いつも文無しの私は、これからたどらなければならないオケラ街道の道のりと、そのぬかるみを思い、ダートコースをよれよれになってゴールに向う安馬にでも成り果てた気分で、自分にムチを入れるのであった。

失った金は、いつの場合にも〝生命の次〟のトラの子であって、そうした落魄《らくはく》に身を置くことに自虐の快感があった。現代での反逆は、自分をいたぶることしか残されていないのではないか。そんなふうに感じていたように思う。

いまや競馬の世界は、完全にカタギのものになった。馬丁といってはいけないのだそうである。馬手が、春闘と称して、ストライキを打つ。これも時代だろうから、文句をいえる筋合いもない。ただ、仲間を失ったようなさびしい気持は抑えられない。

かつて、馬丁は社会の片隅にいて、われわれ〝隠れキリシタン〟も、世間の目をおそれていた。お互い、その意味で落魄の仲間であった。いま、諸外国に例をみない高額の賞金体系は、彼らを〝中流〟に押し上げつつある。

三年前、私は新聞社を辞めた。そのわけは、もうどうでもいい。客観的にいえるのは、経済的安定より、窮乏を選んだということである。友人は、自殺行為だといさめてくれた。まったく、先のあてはなかった。だが、私はいった。

「オケラには慣れている」と。

馬券ばかり買っていると、一生に一度くらいは、自分で売りたくなるものである。そして、現在、この世界の未出走・未勝利クラスを低迷しているのだが。

思い切りはつかないが、数年来、競馬から足を洗おうかと考え続けている。

「楽しさは一家そろって中央競馬」だなどというキャッチ・フレーズに誘われて、女子供までもが馬場へくるようになっては、この鉄火場もおしまいである。

このあいだ、夫らしい男のかたわらで、妻らしい女が、彼への手助けとして掲示板の馬体重を端から読み上げてやっている光景に出くわした。本来、彼女の役割は、彼の競馬場通いにヒスを起こすことでなかったのか。鉄火場も、ここまできてはおしまいである。私は〝大衆〟の心がわりを憎む。

異教徒にこうまで踏み荒らされては、やはり、こちらが立ち去るほかあるまい。〝良貨〟が〝悪貨〟を駆逐するもののごとくである。

第三章　「戦後」を穿《うが》つ——単行本未収録ルポルタージュ集

不況の底辺・山谷

匍匐前進

「競《せ》るんじゃないよ。競輪じゃねえんだから」

押し気味になる背中の人垣に振り向いて、シャッター際の若い男が怒鳴った。

山谷の夜は短い。ことに不況の風がヤマに吹きこみ始めた去年の冬からは。午前四時半にはもう、この人肉市場、山谷労働センターに、一日の糧を求める労務者が群がり始める。

怒鳴った男は、早々と最前列に陣取り、前日に出掛けて行ったらしい松戸競輪の二日目について、ひとしきり話をはずませていた五人連れの中の一人であった。うしろからの圧力がゆるんだすきに、彼は手にしていたスポーツ紙を足元のコンクリートに広げると、思い切りよく、その上に伏せた。

「匍匐《ほふく》前進か」

腹ばいになった男の背中に、ヤユが飛んだ。が、男は、持ち上げた顔を真っすぐシャッターに向け、身じろぎもしない。

午前六時半、シャッターが下から上へと開き始めた。くだんの男はネコのような素早さで、センター内に三〇センチも隙間ができただろうか。くだんの男はネコのような素早さで、センターにはいずりこんでいた。

この種の光景は、ラッシュ時の電車にも見られない。シャッターが半分上がったとき、小学校の教室の広さがせいぜいのセンター内は、押しのけ、突き飛ばし、もみ合い、がなり立てる、混乱の頂点にあった。

人々が殺到したのは、この朝、「2番」から「5番」と指定された「黒須建設」の受付窓口である。求人は八七名、条件は午前九時から午後三時までの「落葉かき」で、三〇〇〇円、食事つきというのである。

人の渦から逃げて、隅に立っていると、六〇がらみの男が話しかけてきた。

「なんだい、このざまは。強いもん勝ちじゃないか。もうちょっときちんとしたやり方はできないのかい。早くきて整理券を出すとかなんとか、方法があるだろう。

まったく人間の扱いじゃないっていうんだ。こんなの。ヤマの常識だって通用しないよ。だって、そうだろ。オレたち、真面目なのは、そばへだって寄れないもの」

たしかに、ここを支配しているのは、ジャングルのルールであった。

人混みの中からはじき出されるようにして転がり出てきた若い男は、手にした受付票が口を軽くさせるのか、饒舌である。

「まったくひでえよ。ほら、唇を切っちゃった。うしろから前へ行ったんじゃダメなんだ。

出るのが、またひと苦労よ。うしろ向きに両脚で前の壁を蹴ったんだけど、それで体が落ちねえんだもんな。

前の方の奴、全然動いてねえよ。グループできてんだな、あいつら。名前書いちゃ出し、名前書いちゃ出しで、一人が五枚も六枚もとってんだから。うしろにゃ、とても回んねえな。一枚五〇〇円で売るんだろ。あとから」

清水次郎長さん

山谷で〝あぶれ〟が出始めたのは、去年の一一月中旬、週明けの一九日からである。

いわゆるドヤ街では、財団法人である山谷労働センターと、上野公共職業安定所玉姫労働出張所が、二本立てで就労をあっせんしている。

玉姫労働出張所の調べによると、この日、三七人の〝あぶれ〟が出たのを皮切りに、その数は日を追って増大、同月二六日に一〇〇人を越えた。

毎年、企業が休みになる暮れから正月にかけて、求人が減るのがつねだが、去年は一月以上も早く、下降線がやってきたわけである。石油危機がもたらした労働市場のせばまりが原因であることはいうまでもない。

暮れを迎えて、事態はますます深刻化し、年が明け、いつもなら活気を取り戻す一月四日過ぎにも、好転には向わなかった。四日の就労者は四七人、〝あぶれ〟は四五一人という最悪の状況を迎えたのである。

都の山谷対策のための出先機関である城北福祉センターは、例年、越冬事業と称して、年末年始の失業者に対する救済措置を講じている。これは、暮れの二九日から正月三日までのあいだ、職のないものを臨時施設に収容して、寝食を与えるというもので、毎年、四〇〇人前後がこの対象となっている。今年はその数も四五〇人に増えた。

これとは別に、山谷地区に基盤を置く東京日雇労働者組合（略称・東日労）と、新左翼系の悪徳業者追放現場闘争委員会（略称・現闘委）が共闘して、四七年暮れから、労働者自身による越年闘争というのを始めた。その後、両者が訣別、去年の暮れは現闘委が、この越年闘争に取り組んだ。

山谷地区内の玉姫公園にテント四張りを持ち込み、労務者を対象に炊き出しをするかたわら、ドヤに泊まる金を持たない〝青カン族〟二〇人ばかりをその中に泊めて、飢えと寒さから彼らを守った。期間中、二〇〇人から三〇〇人の労務者がテントに群がっていたという。

この山谷が、年明けの社会面でふたたび注目を集めるようになったのは、テントが撤収されたあと、現闘委に指導された労務者たちが生活保護費を要求して、その窓口である台東区社会福祉事務所に押しかけたのがきっかけであった。これが一月四日のことである。生活保護法の建前から行くと、受給者の住所、収入、支出などが明確にされなければ給付ができないのだが、緊急の措置として、事務所は確認の事務手続きを省略し、三五人に対し四日分、一人平均二六〇〇円をとりあえず支払った。「清水次郎長」など、明らかに偽名と思われる受給者がいたのは、現闘委に押しまくられた事務所側の狼狽ぶりを物語っている。

なんでも行けば金になるそうだ、という話が伝わって、生活保護を求める数は、急速にふくれ上がった。山谷に近い地下鉄南千住駅の改札口を、現闘委に率いられた一群が無札で押し通って、上野駅に近い台東区役所の二階にある福祉事務所になだれこんだ。その数は五日に二二〇人、六日に五五〇人となっている。

そのあとを訪ねて見ると、「お知らせ」がはり出してある。

「当局の指示により、本日から仕事のない方の保護の方法が変りました。現金は支給いたしません。施設入り希望者のみ受付ます……」

一月一六日、事務所は生活保護法の建前に戻り、住所が定かでなく、収入のないものは、金を渡すのではなく、施設に収容することを決めたのである。

気ッ風のいい自由人

山谷の労働者を階級意識に目ざめさせ、組織に組みこんで行こうとする左翼のこころみは、これまで、すべて不成功に終っている。彼らは〝パン〟のないところには、ついて行きたがらないからである。越年闘争から生活保護獲得へと、急速に盛り上がったかに見えた現闘委の〝戦い〟も、このはり紙で一頓挫、指導者六人が逮捕されて、ヤマは静かさを取り戻した。

だが、それは表面だけのことで、ここの人たちを取り巻く状況は、いっそうわるい方向をたどっているように思われてならない。

仕事は今日もない。それにもかかわらず、暴動が起こらないで済んでいるのは、ここに住む人々の〝自由人の気風〟に負うところが大きいのである。

彼らは概して、金の続くかぎりは、働きに出たがらない。センターで知り合った〝元業界紙記者〟だという六〇年輩の男はいった。

「私はここへきて四年になるけど、出れなくなっちゃった。なぜって、天国だからですよ。ベッドが一日三五〇円でしょう。一日働きゃ三日は過ごせるもの。だれがああしろ、こうしろと指図するわけでもない。

九時から〝東京クラブ〟に行って、ウイスキーをチビチビやりながら、二〇〇円の洋画見てる。ハウスに帰りゃ、ひっくりかえって音楽だ。こないだカセット・コーダーを買ったからね。『山谷ブルース』は陰気で、ありゃいけない。『釜ヶ崎ブルース』がいいね。〝ここは天国ぅ……〟っていうでしょ。あれだ」

彼にいわせると、ベッドハウスで同室の六人なら六人、八人なら八人は、家族みたいなものなのだそうである。

「だってそうでしょう。一杯やるったって、自分だけ飲むわけにはいかないもん。〝オイ、お前もどうだ〟って、すすめたり、すすめられたり」

ヤマでは、酒と煙草をねだられたら、断わってはいけない。それが、ここの「人情」なのである。たしかに、そういう場面にいくらも出くわした。

しかし、山谷にもけじめはある。ある朝、労働出張所で、酒の匂いをプンプンさせた男が、さかんに「腹減った」を連発している。そばの男が「酒飲むゼニがあったら、飯食えばいいじゃないか」とたしなめた。それに答えて、男がいうにはこうである。

「酒はいくらでもゴチになれるけど、飯たかるわけにゃいかねえじゃないか。それじゃ乞食だ」

ここの人たちは、だれもが傷ついた過去を持っている。相互扶助の精神は、なかなか強い。しかし、ドヤの支払いが、その日、その日であることが表徴しているように、彼らの暮らしも、その場、その場である。長期の飯場仕事に出掛けていた男が、終りに三十数万円を手にした。彼は、帰りに四国の温泉場へ立ち寄り、五日間の流連《いつづけ》でそれを蕩尽した。別の男は、静岡の現場から、ハイヤーを飛ばして、ヤマにかけ戻った。そんな逸話を捜すのに、ここでは何の苦労もいらない。

生活設計のなさは、勤労意欲の欠如と同居している。

冒頭で見た落葉かきの仕事は、東京都が求人難に対処して、暮れの二二日に〝特別放出〟した。私がセンターで混乱を見た朝、他にも労賃四二〇〇円という求人がいくつかあったのに、人気はこの三〇〇〇円の口に集中した。そのわけがのみこめなかった。現場監督だという男をつかまえて、疑問が氷解する。

「多摩丘陵に自然遊歩道というのがあって、そこの落葉をかくということなんだけど、早くいっちまえば遊び、遊びですよ。

七時半にここから乗って行って、向うにつくのが九時。一一時半にはもう飯でしょう。一時ごろからまたちょっと働いて、一時半には支払い。二時にはもう乗ってきちまう。帰りは広沢虎造よ」

虎造とは何のことかと思ったら、送迎用にあてられているのが観光バスで、マイクが三つついているので、ノド自慢大会になるのだそうである。

「ここはまた飯がいいからね。三〇〇円の弁当なんだ。きのうなんか、マグロにコロッケにキンピラゴボウと、三つもついてんだから。あんたも、明日からおいでよ」

追われる手配師

俗に山谷というが、いまはその地名はない。台東区の日本堤一、二丁目、清川一、二丁目、それに荒川区南千住二、三丁目の一部を加えた約一・五平方キロの地域で、明治・大正年間を通じ「木賃宿」の町であった。明治四四年、東京市営の失業対策事業として、宿泊所付設の職業紹介所が玉姫町に開かれている。大正一二年一二月、大震災による被災者を収容するために東京市玉姫簡易宿所が設置された。そして戦後、上野の地下道、公園周辺に溢れた戦災浮浪者を、都が地区の旅館組合に協力を求めて収容した歴史がある。

ここに住む人たちには〝自由人の気風〟があると、前でいった。そのわけを、もう少し具体的にいわなければならない。

ここには、二二二軒の簡易旅館があって、カイコ棚のようなベッド式か、二〜三畳の個室式がほとんどである。住民は約一万人。そのうちのおよそ八割が労務者といわれている。その就労経路を四七年三月の調査で見ると、直接が三〇・九%、職安玉姫出張所が一六・三%、山谷労働センターが一三・一%、縁故・親方・手配師が三八・八%となっている。

直接というのは、どこも通さずに事業主と直接交渉で働きに行っている人たちで、これは日雇いとはいいながら、常雇いの形が多い。

ごく大ざっぱだが、直接、出張所・センター、手配師などが、働き口の世話を三分の一ずつ分け合っているといってよいだろう。

問題が起こりやすいのは、手配師を通した就労の場合である。山谷にはいりこんでいた彼らの数は、一時期二〇〇人ともいわれた。この中には、いいのもいれば、わるいのもいる。このわるいのにかかると、現場でいじめられたり、仕事でけがをしても労災をもらえなかったりと、労務者が泣かされることが多い。

それでも彼らについて行くのは、他より概して賃金がいいという理由からである。山谷の労務者はいったいに労働力としての質がわるく、職安、事業所を通した場合、事業所は選別ができない。手配師だと〝顔づけ〟といって、選べる利点がある。その分だけ、賃金もはずむ寸法である。

現闘委が山谷に現われたのは、四七年夏ごろからであった。初めは三人がはいりこみ、いまでは二十数人が地区に住みついている。赤軍、京浜安保、中核派、黒ヘルなどの〝混成部隊〟だそうである。

彼らがここでの闘争目標にかかげたのは、悪徳手配師の追放であった。風に吹かれて、こんなビラがそこここに見られる。

どうしても怨みを晴らす

復讐の暴力万才！

ポリ公は労働者を弾圧するな

そうすることによって労務者の支持をつかもうとしたわけだが、それなりの〝戦果〟をあげた。

最初やり玉にあげたのは、N建設である。暴力で被害を受けた労務者になりかわって、一〇人くらいで本社に押しかけ、二〇万円の慰謝料を支払わせた。ついでT建設も揺さぶられた。このときは九〇万円を被害者のために引き出したといわれている。その話がパッと広まって、山谷の人びとのあいだに現闘委の存在が一躍、クローズアップされた。

悪徳手配師をヤマで見つけると、寄ってたかって吊し上げる。音を上げた彼らは、マンモス交番に逃げ込んだりした。その多くはクリカラモンモンの前科持ちだといわれるが、過激派学生はこわい。姿を消したのもいる。

「手配師は、一種、山谷の必要悪なんですね。それが学生におびえて、あまり姿を見せなくなった。いまはひところの半数じゃないですか。もちろん不況がいちばんの理由ですが、求人が減ったのは、そのせいもあるでしょうね」と、交番の係長は話す。

先祖に申し訳ない

私たち外部のものには、狭い一つの地区に、職安の玉姫労働出張所と、財団法人山谷労働センターの二つがあって、それぞれ職業をあっせんしているのは、ちょっと理解ができない。それが、ここの特殊事業なのである。玉姫について先にいえば、こうなっている。まず求職者はハンコとドヤの宿泊証明書を窓口へ持って行って登録し、日雇手帳の交付を受ける。これには、1001番から4268番までの登録番号が打ってある（四九年一月二三日現在）。出張所は毎朝六時半から、この手帳を持っているものだけを対象に、仕事先をあっせんする。その場合、登録番号の順に従って、五〇番刻みに求職者を募って行き、該当するものが求職申込票を窓口へ出すという方法をとっている。

翌日は前日に終った番号の次からやはり五〇番刻みであっせんをする。

この労働事務所が嫌われる理由を、三宅順也所長は次のように分析する。

「ここの人たちは、ハンコ持って、ドヤ証明持って、たとえ一五分でも職安という組織にはいるのがイヤなんですね。あっせんが整然と行なわれるのも気に入らない。組織にはなじまない人たちなんです」

大時代な言い方をすれば、故郷を捨て、家族を捨て、ヤマに漂着した人びとである。

マンモス交番で取り扱う人間の八割から九割見当が、前科照会をすると〝前持ち〟だとわかるという。ふだんは偽名を使うのが多い。三宅所長がある男にいった。

「なんで偽名なんか使うんだ」

「先祖の名前をけがすのが申しわけなくて」

「じゃあ、けがさないように真面目に働けばいいだろう」

「だから、偽名を使っているんです」

一日働いたら一日か二日休む。これが、ここの人たちの常識になっている。

日雇い労務者は、前二カ月間に二八日以上働いていると、職安のあっせんから洩れた場合、一日一一六〇円也の〝あぶれ手当〟がもらえる。働いたものは、その都度、事業所で印紙を手帳にはってもらうから、それが証明になるわけである。職安経由のメリットとしては、そういうことだろう。山谷労働センターは、初め就労相談の窓口としてスタートしたが、開店休業、人が寄ってこない。そこで、特殊に属する港湾荷役のあっせんを手がけた。いまでは玉姫とかわりはない。

ここでは、手帳の登録のと、面倒くさいことをいわないのが受けている。受付のときも自由競争で、先に窓口に到達したもの順である。ただし、こちらには〝あぶれ手当〟がなかった。それを認めさせたのは、ひとえに東日労の功績である。求職申し込みのあったものに限り、去年の九月一日から同じく一一六〇円が支給されるようになった。

山谷では「月一四日労働」が、ひとつの基準である。これだけ働けば「真面目」の部類にはいる。

病人タライ廻し

ふたたび話を玉姫に戻して、ここには三千数百人が登録されているが、常時、窓口を利用しているのは二〇〇〇人くらいしかいない。他は、ここになじまない人たちで、センターとか手配師とかを通して仕事を見つけている。

だが、暮れに「越冬資金」一万五〇〇〇円が支給されたとき、ほぼ全員が数を揃えた。なじんでも、なじまなくても、金になることならばやってくる。どこでも、だいたい当り前の話だが。

だから、台東区社会福祉事務所で生活保護の緊急認定を受けた人たちが、すべて働きたくても職がない、本来の意味での失業者だとはいえない。

〝あぶれ手当〟は、午前一一時半に支払われる。そのあとは、別にすることもないのだから、上野まで行けばタダで二六〇〇円になるときけば、出掛けたい気持になるだろう。そういう人たちが、数百人の中のかなりの部分を占めていたことは、だれも否定できない。

いま、仕事が足らないのは事実である。だが、幸か不幸か、彼らの働く意志の稀薄さが、決定的状況に追い込まれつつある山谷を、暴発から食い止める安全弁になっているといえるだろう。深夜、玉姫公園を抜けて行くと、焚火にわずかな暖をとりながら朝を待っている〝青カン族〟の姿があった。その向うに、黒々とガスタンクが聳えている。

私は新聞社にいた昭和三七年一一月、「あさひ食堂」での客扱いのぞんざいさに端を発した第二次山谷暴動の直後、ドヤにはいった。そのころ、山谷の労務者を相手に不法採血を重ねる民間血液銀行のあり方が、ようやく表面化しようとしていた。雨の朝、破れ手拭いで頰かむりして、バンク（血液銀行）の迎えのバスを待ったのが、ガスタンクわきの路地であった。

常習売血者たちは、過度の採血のため血の気をまったく失って、誇張ではなく死相をしていた。検査の紫色のスタンプを、牛か馬のように、まくり上げた腕に押されるのであった。彼らは、採血ベッドに横たわったこの貧血者たちは、太い針を腫れ上がってしまった静脈に刺され、血液の出をよくするために、手のひらを開いたり閉じたりさせられる。そのさまは、早朝、魚河岸のたたきに放り上げられ、身近に迫った死を待っているマグロの、エラの動きを連想させた。

二〇〇cc一本で五〇〇円、ダブルが一〇〇〇円というのが、当時の売血代である。

その他に、バラック造りの小屋で、食事が支給される。はいって行くと、その日の献立は鉄火丼であった。マグロの赤身は、いま抜かれたばかりの売血と、その血液を思わせた。もっとも、彼らの血液は、頻回採血のため骨ずいの造血作用が間に合わず、黄色に薄まってしまっていたが。

いま日本堤消防署の救急隊は、山谷地区の急患を受け入れる医療機関が周辺地域にはなくて、頭を痛めている。断わられ、断わられで、遠く松戸あたりまで走るのだときいた。

山谷の人たちが、毛嫌いされる理由もわかる。彼らは診療側の指示に従わない。病室の秩序を乱す。生活保護で六六〇〇円の小遣いが支給されると、たちまち脱走する……。

泪橋の交差点から、南千住駅を背中の方角にして、東浅草二丁目へと表通りをたどるあいだに、残雪で濡れた路傍に酔い潰れて動こうともしない人の姿を、四度も、五度も見た。そして彼らは、明らかに病人であった。

いったい山谷で、この一〇年のあいだに何がかわり、何がかわらなかったのだろうか。

損の繰り返し人生

あのときもそうであった。山谷へ戻るバスの中で隣合った売血者は、こともなげに採血手帳を見せてくれた。数えて見ると、一カ月のあいだに、ダブルで一三回も〝抜いて〟いる。その量は彼が体内に循環させている血液の総量を、はるかに上回るのである。

こうして薄まった水のような血液を比重検査にパスさせるため、ドヤ街では鉄粉を売っているのだと教えてくれたのも彼であった。

その後、私は、供血者が貧血のために倒れる〝ケツバイ〟を、しょっちゅう目の前にした。が、彼らは、救急車でかつぎこまれ、輸血を受けて意識が戻ると、ふらつく足で窓から逃げ出し、バンクへと走ったのであった。そして、いつもの倍の焼酎代を手にするのである。かわったことといえば、バンクがなくなったことくらいかも知れない。かわっていないのは、この町で生命が大切に扱われていないことである。

大晦日から正月にかけて、山谷で三人の行き倒れがあった。路上で酔い潰れているだけなのか、死んでしまったのか、よけて通ることにしか意識が行かないヤマの人たちに、識別の機会は永久にこないだろう。

自分の生命を自分が大切に扱わないのだから、お互い、他人の生命も関心のほかである。それでいてなぜ、酒と煙草だけはわかち合えたのだろうか――。

センターの健康相談室にいるドクターの楫取正彦氏は〝恐喝療法〟を真剣に考えるときがある。

「私はもと警察医務院にいたから、腫れ上がった肝臓とか、穴のあいた胃とかをもってきて、患者に突きつけてやろうかと思うんですよ」

なぜ彼らは、そうまでして酒を飲むのだろう。

「損の繰り返しをやってきた連中でしょう。仕事場で肋骨三本も折るような大怪我をしているのに、〝まあまあ、気分直しに飲んでくれ〟といわれたら、ついつい飲んじゃう。帰ってきたら、もう労災もとれませんわね。

彼らはウエットなんですよ。貸ベッドのフトンはベタベタ、その中にはいってウエットになりながら思い浮ぶことといえば、つらかったこと、あるいは自分の罪でしょう。まぎらわすのは酒しかない」

楫取氏をやっと支えているのは、一〇〇〇人に一人は引っぱり上げている、というささやかな自負心でしかない。

予想される暴動

東日労は一月一五日、解散式を行なった。最後の委員長であった工藤清洋氏は、山谷を一旦離れて、いまは王子キャンプ跡の技能訓練所にはいっている。

「センターに対する〝あぶれ認定闘争〟は、まがりなりにも失保適用をかちとった。しかし、実質的な組合員が少なく、組合員の犠牲の上に立って、奉仕という形でしか成り立たないということがあったわけです。名目上、組合員は七〇〇人いましたが、実質は一〇分の一でしたからね。

組織主体と運動の矛盾が解散の理由です。そしてそれは、これまでの山谷運動の反省に立っている。運動のアリバイのために山谷を利用するというのは、梶大介いらいの根本的誤りなんです。〝山谷コミューン〟などというのもね。本来やるべきことは、労働者たちを階級意識に目ざめさせること、これしかありません」

現闘委は、この東日労を〝反革命分子〟ときめつけ、両者は訣別した。去年の「越年闘争」が現闘委だけの手で行なわれたのは、前で見た通りである。

彼らは「人民パトロール」と称して、三〇人から七〇人の集団を組み、ドヤ街を練り歩いて爆竹などで気勢を上げた。浅草署の調べでは、一月二日、三日、四日の三日間で、旅館一二、商店九、一般家庭三、アパート二が彼らによって玄関や窓のガラスをこわされた。

東日労にとってかわったこのグループの闘争は、求人数の激減という人心不安を背景に、かつてない盛り上がりを示した。しかし、炊き出しに生活保護費という〝パン〃が消えると、人びとはまた去って行ったのである。

都は、この地区の就労難緩和のために、二六〇人の特別求人を放出したが、事態の悪化に伴って、これをふやせば済むというものでもない。ドルショックの際の日銀の買い支えのように、これもまた破綻は目に見えているからである。

「山谷へ行けば、ホウキ突っ立てているだけで三〇〇〇円になるときけば、釜ヶ崎あたりからも、とっとっとと人が集まってくるでしょう。それはまた、治安上の問題にもなりかねないんです。出張所が何をすればいいのかときかれれば、はっきり〃ない〃としかいえません」

そう言い切る三宅所長は、二月末の暴動をおそれている。一二月、一月と求職難が続いて、「二八日」という就労日数を満たすことができなくなったとき、「あぶれ手当」は打ち切られる。そこへ、長期化が予想される春闘がかぶさってくる。交通が麻痺し、資材がストップしたら、その影響をまともに受けるのが、また山谷の労務者たちである。

マンモス交番によると、問題を起こしやすいのは一〇〇〇人前後で、労務者の大半は勤め人とかわらない人たちだという。〃自由人〃の気風は否定できないとして、しかし彼らも生活者であることに違いはない。その生活の根拠が不況によって崩されたとき、〃おとなしい〃彼らも暴徒への選択を迫られるのである。

警備当局の責任者は、春闘が長期化した場合、「上尾事件」が拡大された形で起こることを憂慮している。山谷にだけではなく、全国各地にである。

治安の行きつくところは、大衆の欲求に的確に機能する政治でしかない。

山谷の住民は、ラフな政治のアミの目からこぼれ落ちた人たちである。それだけにかえって、ヤマの〝発火点〟は低い。この春、鬱屈した国民の憤懣を、私たちは山谷暴動というかたちでまず見ることになるだろう。少なくとも事態は、その方向で動いている。

立川　民主主義という名の村八分

自治体による差別

立川基地への自衛隊移駐に反対する阿部行蔵立川市長は、昨年末、宇都宮、霞ヶ浦などから移駐してきた陸上自衛隊東部方面航空隊二二人のうち、管内に住む隊員について、住民登録の受付けを保留する戦術で、政府・防衛庁側と対決の構えを打ち出した。

この戦術は、立川市より早く、本土からの自衛隊配備に反対する沖縄県那覇市（平良良松市長）が採り上げたもので、阿部市長がこれにならったのは、全国革新市長会の示唆があったからだといわれている。

ともに革新市長をいただく那覇、立川両市が、自衛隊員の住民登録保留（実質は拒否）という強硬手段に訴えた、その根拠は、米軍基地への自治体の立ち入り調査権が保障されないからというのであった。

政府は、一月一三日付で全国革新市長会基地対策委員会（会長・平良那覇市長）か

ら提出された、いわゆる四項目の要請書に対して、同一七日、二階堂官房長官名で回答し、その中で、住民登録保留について、次のような政府の見解を示した。

「今般、住民基本台帳にかかる届出の受理に関し、那覇市及び立川市においてとられた措置は、憲法で保障された基本的人権にかかわる重大問題であって、政府はこのような事態が発生したことをはなはだ遺憾とする。

住民基本台帳法は、日本国民たる市町村の住民について、もれなくこれを記載し、国民としての公私にわたる権利義務行使の基礎としているものであり、市町村はその区域に居住する住民について、住民基本台帳を整備する義務を負うものである。

市町村によって、住民個人が差別的に扱われるごとき事は、憲法第十四条によって、すべての国民が法の下の平等を保障され、人種、信条、性別、社会的身分又は門地により、政治的、経済的又は社会的関係において差別されないことを保障されている我が国においては、あり得べからざることである。

その意味において、今般、住民基本台帳にかかる届出の受理に関し、那覇市及び立川市においてとられた措置は、単に自衛隊員にとどまらず、国民一般に大きな不安をいだかしめるものである。両市は住民基本台帳制度の意義を理解して、法に定められた措置を早急に履行されたい」

この政府回答をまつまでもなく、両市の住民登録保留に対しては、広く「基本的人権侵害」の声があがっていた。あまりにも当然のことである。その個人がだれであれ、差別されてしかるべきだという論議が、新憲法下のいま、成り立ちうるはずがない。しかし、あってはならない差別が、現に、二つの自治体によって行なわれているのである。しかも〝護憲勢力〟を標榜する革新の首長をいただきながら。――

私は、新宿駅から、中央線下りの特別快速電車に乗った。中央線の複々線化ができ、この「特快」が走るようになってから、東京の〝地方都市〟立川は、副都心・新宿まで二六分の近さに引きつけられた。途中の停車駅は、中野と三鷹のわずか二つ。立川はもう、私が住む新宿から出かけて行くのに、億劫な距離ではない。

だが、私の気持の中には、心進まない別の思いがわだかまっていた。

いわゆる「革新」の、単純で、幼稚、一面的で一人よがりの口説には、飽き飽きしている。多分、人びとに接して、目を洗われるような発見は、今度も期待できないだろう。帰りには、疲労感だけが残るに違いない。

しかしともかく、私は、心底、不正な阿部市長のやり口に腹を立てていたのである。

自衛隊の立川移駐について賛否をきかれたら、私も迷わず反対だというだろう。

日本のほとんどの都市についていえることだが、この立川も、無計画にふくれ上がった、巨大な集落にしかすぎない。近代的な意味での都市づくりは、かつて施されたことのない町なのである。

一例をいえば、国電立川駅の北口と南口をつなぐ道路さえない。北から南へ、南から北へ行くたび、市民は三〇円を入場券の自動販売機に入れて、駅の地下道をくぐらなければならない。

その北口から、市内を縦断する唯一の南北道路、高松大通りが伸びているが、最近の交通渋滞ぶりはひどく、立川競輪の開催日など、わずか一・五キロのこの道路を車が抜けるのに、二〇分も、ときには三〇分もかかる始末なのである。

そうした立川市の中にあって、総面積五八〇万平方メートルの立川基地は、実に全体の六分の一を占めている。大阪万国博覧会場の三五〇万平方メートルと比較したら、その広さがある程度想像できるだろう。

立川の人びとは、敗戦まで、〝軍都〟であることを誇りにしてきた。大正一一年、各務ヶ原《かかみ》にあった航空第五大隊が移駐してきたのが、基地の町・立川のそもそもである。当時、立川は村で、世帯数八六〇、人口六一一五人だったという。

だが、大正一五年、立川飛行機株式会社が設立され、その翌年、石川島飛行機製作所の工場が建設されてから、航空関係者の転入による人口の増加が顕著になった。その後、昭和二年には、日本最初の民間航空会社も立川で誕生して、立川飛行場は官民共用になったが、昭和六年、満洲事変の勃発を契機に、民間航空関係は締め出されて新設の羽田へ移り、立川は〝軍都〟としての道を歩き始める。

八二・三％が移駐反対

このように、かつての立川は基地とともにあった。というより、基地に付随して立川があったといった方がより正確かも知れない。

しかし、いまでは、事情がまるで違う。中央線をたどって西へ伸びた宅地化の波にのみこまれて、いまでは人口一三万の、有力な東京のベッド・タウンである。ついひと昔前まで、もっとも繁華な北口駅前で目につく建て物は中武デパート一つであったのが、ここ数年のあいだに続々と大型店が進出し、その数は、デパート、月賦販売店、スーパー・マーケットを合わせて、十指に余ろうかという勢いである。中央線沿線といわず、東京の西部で、これだけ急激な変貌を見せた町は他にない。

ところが、先にもいったように、都市づくりはいささかも進んでいない。ひしめき合うように建っているデパートの一つにのぼって屋上から見おろすと、眼下に基地がひらける。なにしろ、北口から約三〇〇メートルの位置に基地のメイン・ゲートがあって、繁華街を中央線、青梅線へと押しつけている格好なのである。

いま手元に、自衛隊移駐に関する立川市民の意識調査の結果がある。これは、阿部市長が当選して間もない昭和四六年の一〇月に市が手がけたもので、回答者の八二・三％が、自衛隊が移駐し、飛行活動することについて「反対」と答えている。その理由を上から順にあげると「騒音、墜落の危険などで生活が脅かされる」五二・八%、「基地の存続はまちの発展に支障をきたす」二一・七%、「自衛隊は必要だが、立川にはきてほしくない」一九・三%、「政府の一方的な押しつけには反対だ」一五・三%、「自衛隊は憲法と相容れないから反対だ」一一・九%、「その他」三・六%となっていて、設問に「賛成」と答えたのは、全体の一三・七%でしかない。

この調査結果について、保守派の一部では、設問の仕方が誘導的だとして疑義を表明するものもいるが、調査方法については、市当局があらかじめ市議会の全員協議会にはかって了承を得てあるので、問題はないと考えてよいだろう。あとから触れるが、市議会は当初、自衛隊の移駐に反対の意見書を全会一致で採択しているのである。ともあれ、市民の大半が移駐をのぞんでいないことは、それが地域エゴであれ、明白な事実であった。その前段階として、立川基地の返還を住民に期待される動きが米軍にあったことも否定できない。

保守王国の終り

敗戦後、飛行場は米軍に接収され〝軍都立川〟は〝基地の町タチカワ〟へと、毒々しく看板を塗りかえた。そして、昭和三一年には、滑走路の拡張計画をめぐって、地元の農民を中心に、激しい〝砂川闘争〟を経験している(当時、拡張予定地は砂川町であったが、昭和三八年、立川市に合併された)。

このとき、農民たちの反対運動を支えたのは、地元市民ではなく、社会党、共産党、労組、学生、文化人ら、外からの応援勢力で、地元の一般市民は、ほとんどこれに参加していなかったといってよい。

しかし、時が移って、昭和四三年一二月、米空軍司令官が拡張計画の中止を発表、越えて翌四四年一〇月、飛行業務を停止し、続いて同年一二月、立川基地所属部隊の解散式を行なった。米軍は、こうして、立川基地の機能の大半を、市北方の横田基地へと移してしまったのである。

その理由として、立川基地の滑走路の長さは二〇〇〇メートルしかないため、大型機の発着ができず、ベトナム戦争の補給基地としての役割が十分に果たせなかったことがあげられる。そこへ持ってきて、例のグアム・ドクトリンによる軍事費、海外要員の一〇%削減という、ドル防衛政策が打ち出されたからであった。

こうした米軍の一連の動きを見て、市民が基地の返還が近いと感じたとしても、不思議ではない。

ところが、昭和四六年六月に開かれた日米合同委員会では、立川基地の日米共同使用が決定した。これは地元民の全面返還の期待に水をさす形となったが、一度燃え立ったその期待の火は容易に消えなかった。

そういう全体的な空気の中で、四六年八月、立川市長選挙があった。保守系が立てた候補は、都議四期の地元の有力者、万田勇助氏で、これに対抗して社・共が移入したのが元都立大教授の阿部行蔵氏であった。

勝敗の行方について、保守陣営は、きわめて楽観的だったといわれる。なにしろ立川市というのは、伝統的に〝保守王国〟であって、前回の市議選の結果一つとってみても、三六議席中、保守の政和会が二三議席を占め、革新系は社会一、共産、公明各四、民社、無所属各二の計一三議席でしかない。過去、市長選、都議選は、保守の独占であった。

立川市の政治、経済は、その大半を地主と、地元商店街の旦那衆が久しく握ってきた。その意味では、完全に地方都市だったのである。

しかし、農地が急速に宅地化し、駅前をにわかに大型店が占拠し始めたここ数年の変化が都市化ではなかったら何であったのだろう。

保守の惰眠を、市長選の開票が破った。阿部氏の圧勝に終ったのである。

保守陣営の間では、万田氏の敗因をいろいろに求めた。たとえば、駅前のスーパー・マーケットの進出に、万田氏が手をかしたことが、地元商店街の反発を招いたからだというのもその一つ。「それもあるだろうが、何といってもタマがわるかったからだ」とか、相もかわらぬ旦那衆的発想がそこにはある。

なぜ登録を保留するか？

革新系無所属の市議、島田清作氏（立川反戦市民連合代表）はいう。
「阿部が勝ったのは予想外だということでしょうが、ボクはそうは思いません。市長は選挙を基地全面返還、自衛隊移駐反対の一本で押した。万田さんもそれをいわなかったわけではないけど、立場がもう一つはっきりしませんでしたからね。その差が出たのだと思いますよ」

島田氏は三四歳。社会党の反戦青年委員会の運動にたずさわっていたが、いわゆる七〇年闘争で党が過激派として反戦青年委を切ったとき脱党して、地元の若い仲間一〇〇人と、いまの立川反戦市民連合をつくったという。

四五年一〇月、市民連合は有権者の一〇〇分の一にあたる市民八〇〇人を対象に、自衛隊移駐に関する意識調査を手がけている。その結果、六七％が「反対」と答えた。阿部市長の当選後、これを見せて、市による前出の意識調査をすすめたのが、実は島田氏なのである。

「その反対の内訳ですがね、自衛隊そのものについては賛成だが、立川にくるのは反対だというのが、半分はいたと記憶してます。支持政党をきいたのですが、自民党が一番多くて二二～三％、社会党が一八～九％というところじゃなかったでしょうか」

反対の理由は、先に見たように様々ではある。だが、市民の大多数が、自衛隊移駐に反対している事実は、どうにも否定できない。

現在、立川市には二〇近い移駐反対の市民団体があるが、その内のいくつかは昨年三月の強行移駐に前後して生まれたものである。けやき台団地の「否の会」、富士見町住宅の「芽の会」などがその例だが、そうした団体が結成された背景には、やはり基地全面返還を願う住民の素朴な願いがこめられていたのだろう。

しかし、だからといって、移駐してきた自衛隊員の住民登録を受けつけないことが、阿部市長に許される行為なのだろうか。

立川行きにあたっては、あらかじめ秘書室の北岡宏邦氏を通じて、市長との面会を申しこんでおいた。だが「市長は大へんに忙しくて、あるいは一〇分か一五分の時間はつくれるかも知れないが、できないかも知れない」というような返事であった。市庁舎を訪ねると、やはり、市長はからだがあかないということで、結局、北岡氏との一問一答になった。

私がまずたずねたのは、どうして自衛隊員の登録を受けつけないのかということだった。「誤解のないように申し上げますが、市長は自衛隊そのものに反対ではないのです。『立川基地は立川市の土地なのだ。市民の手に当然戻るべきであり、そこに市民のための都市づくりをすべきである』というのが基本的な立場でしてね。折角、基地が返還の方向へ向いているところに、そこへやってくる自衛隊は、都市づくりの邪魔者である、ということなんです。

登録保留というのは、最終的に『拒否』というものを含んでいますが、自治権の及ばないところに市民がいるのでは、市のサービスが行き届かないから、行政上、片手落ちになる。住民登録は、あくまでも自治体固有の事務だという考え方でして、サービスの行き届かないところに市民がいるのはおかしい。市民は立川の住民なのです。自治権の及ばないところに住んでいるのは、住民とみなさないというわけです」

この北岡氏の答弁は、私にとって、どうにも理解のできない筋道の上に立っている。かりに、「阿部市長は、自衛隊の存在そのものを認めていない。したがって、自衛隊員の存在も認めない」とでもいうのなら、それなりの理屈にはなろう。

しかし、そうではないらしい。「自衛隊そのものに反対ではない」が、「自衛隊員は市民とみなさない」というのである。

「それでは、単なる弱い者いじめの、いやがらせにしかならないのではないか」との私の質問に、北岡氏はいった。

「われわれとしては、立ち入り調査権を問題にしているのです」と。

隊員へのいやがらせ

そこで、私は、こうたずねる。

「防衛庁側は、立ち入り調査に応じるといっているのでしょう」

「いいえ、防衛庁がいっているのは、住民基本台帳法に基づく調査のことで、市長がいうのは、もっと広範な調査権のことなんです」

「たとえば?」

「伝染病とか、消防とか」

「それでは、かりに、防衛庁側がそれも認めるといったら、どうなりますか」

「市民団体が『保留では生ぬるい。拒否しろ』と市長を突き上げてましてね。それでも保留にとどめているのは、市長が憲法学者だからだと思います。市民団体から『立ち入り調査権を(防衛庁側が)認めたら(登録が)OKにならないか』という質問もありましたが、市長は『台帳法でいっているより(私のいう調査権は)広範囲なものだから、OKにはならない』と答えていました」

ざっと、こんなやりとりだが、これで北岡氏のいわんとする市長の立場が、理解できるだろうか。私には、とてもできなかった。

住民登録は、改めていうまでもなく、住民基本台帳法によって、国民に義務づけられている。その住民登録の届け出の受理を市が拒否するのであれば、台帳法に照らして届け出る側に不備があった場合だけに限られるだろう。たとえば、消防法に照らして住民登録を受けつけないという権限など、いつ、だれによって、自治体の首長に許されているのか。

阿部市長にじかにただしてみたかったが、それができない。私たちは、基地に東部方面航空隊長、三井正隆一佐をたずねた。いったい、市当局はどういう理由によって登録を受けつけないのか。自衛隊側に対しては、正式の通告がなされているだろうから、それをきいてみたいと思ったのである。ところが、そうでもなかったらしい。

住民登録は、異動から二週間以内に届け出を義務づけられていて、それをしないと二〇〇〇円以下の罰金ということになっている。

旧冬一二月末に移駐した隊員の期限は、一月八日にきた。そこで三井一佐は、深沢市民課長を電話口に呼び出して、登録手続きの進行を申し入れた。これに対して深沢課長は「市民課としては、お出になるのを断わる理由は何もない。しかし、市民課の窓口には、市民団体が三、四〇人いて、そこへ自衛隊員が現われると、なにかとトラブルが起きるのではないかと思う。明日、市長が出てきて市民団体と話をつけるから、何分、御配慮をいただきたい」と〝個人的な考え〟をのべたにとどまった。

そこで、翌九日、三井一佐は、ふたたび電話を市役所にかけた。このとき応対したのは民生部長で「市長が市民団体の説得にいったが、ダメだった。このままでは混乱するばかりだろうという情勢判断が成り立つので、しかるべきご配慮をいただければ」と、同じことをくりかえすだけだった。

結局、自衛隊側は、市庁舎の管理上の責任は市当局にあること、その市当局が混乱を避けられないと情勢判断していること、したがって、期限内に届け出ができなかった責任は、すべて市当局にあることを確認したあと、市当局の示唆により、住民登録の書類を郵送に切りかえたという三井一佐の説明であった。

ところが、翌一月一〇日、朝日新聞は、市職労が、自衛隊の営外者についても登録を保留する方針を決めたという報道をし、隊員へのいやがらせは、さらにエスカレートしたかの印象を与えた。

基本的人権への配慮

それまで、登録保留の対象として庁内に通達が出されていたのは、移駐してきた東部方面航空隊員二五三人（一月一八日現在）のうち、営内、つまり基地内に住む、約六〇人であった。これが、営外の居住者にも拡大されるというのである。市当局の言い分では「基地内には調査権が及ばないから」というのが、ともかくも、保留の理由だったはずである。市内に、一般市民と同じように住む隊員も登録保留というのでは

〝三分の理〟もなくなってしまうのではないか。

市庁舎に戻って、市職労に飯田委員長をたずねた。

「いや、あの記事は、私の留守中に出たもので、機関決定じゃないんですよ。どうも今度は、マスコミに運動をつくられたきらいがありますね。

営外者の場合、登録にきた人に、いちいち、住所は、職業はと、いろいろきけば、やってやれないこともないでしょうけど、それも、どういうものでしょうか。まあ、識別はできないんじゃないですか。無理だと思いますよ」

どうやらこの記事は、先走りの誤報だったようである。

それはそれとして、市職労は、登録保留による基本的人権の侵害を、どう受けとめているのだろう。

「基本的人権をいい出せば、小西さんのように、営内でビラを配ったら自衛隊法違反になって処罰されるという、憲法上の思想、信条の自由の問題、そういう人権はどうしてくれるんだという問題に発展しますね。

隊員に対しては人権を認めていないくせに、自治体には、それをいってくる。常識的には国民受けするのでしょうが」

そう話す飯田氏に、もう一つの質問をこころみてみる。

「隊員は、隊内で人権を認められず、社会でも人権を認められないのでは、ダブル・

パンチですね。立つ瀬がないじゃないですか」

「たしかに、人権に対する根拠は、自衛隊にもうすいけど、われわれにもうすい。根本をいえば、いままでわれわれが、自衛隊に対して、目をつぶりすぎてきたということでしょうか。そしていま、立川基地問題というと、〝拒否〟にしぼられて、市民運動もそこに焦点が合わされている。今後どうするか、模索しているところです。主婦たちが、〝爆音がうるさい〟といった素朴な中から、治安配備が実は問題なのだと知っていったように、住民の意識は進んではいると思うんですよ。そこで、もう一度、原点に帰るというのか、幅広い運動を考えなければいけないのでしょうが、〝拒否〟を片づけて、次に打つ手はというと、さて、ない。これを下ろしてしまうと、闘いがないというところに問題があるわけですね。〝拒否〟を闘いの一環としてとらえていないと、これがダメに終ったとき、挫折感ばかりが強くなると思うんです」

彼は、また、こうもいった。

「おっしゃる通り、窓口でやったって、いやがらせでしかない。市が闘いをどんどんみつけて起こしていくということでなければいけないと思うんです。基地対策室をつくるというのが市長の公約だったんですが、実際は、総務部に基地担当が二人しかいない。資料集めだけがやっとという状態なんです。

行政に肉づけしていくのでなければ、結局、労働者、市民だけが肩がわりさせられるということでしょう。革新市長会がもっと連絡をとりあうとか、それがないと、立川の中だけの孤立した闘いになってしまいますね。このままでは、残るのは、プロと学生で、先ばかりとがって、底の浅い闘いにしかなりません」

率直な反省だと思う。それにしても、革新の側に、人材はいないのか。革新市長が寄ってたかって、ひねり出したのが、憲法違反疑いなしの差別戦術だとは――。

保守派の仲間われ

六月ごろに都議選がある。その三カ月前までに登録を受けつけないと、立川、那覇両革新市長は、国民としての基本的な権利である選挙権を、隊員たちから奪い取ることになる。それでは、ファッショの汚名をかぶされても抗弁できまい。

別れるとき飯田氏は「この一年、基地問題で疲れました。本当に疲れちゃって」と、疲労を訴えた。

脅迫の電話、手紙を、何度か受けたという。

「お前にだって、女房、子供があるんだろう」とだけいって、電話を切った脅迫者もいたと話した。

われわれ一人一人が、そういう卑怯な人間を腹の底から憎まなければいけない。だからこそ、阿部市長にもいいたいのである。弱い隊員を差別のサクに追いこむなと。

阿部市長は、なぜ、自衛隊そのものに反対であるといえないのだろう。政治的信条は、個人の自由である。それをいって、真正面から防衛論議をまき起こすことが不可能だとでも考えているのだろうか。どうして、それをせずに、隊員だけをいじめるのだろう。

「一昨日(一六日)、われわれ革新系一八人が、新年会をかねて集まりましてね。その席で市長に、どうして登録保留をしたのかきいてみたら『市民の怒りを反映して、好むと好まざるとにかかわらず、ああいう行動をとらざるを得なかった。あくまでも基地の全面返還、跡地の平和利用をかちとるのが目的で、強行移駐に対して自治権による何らかの意志を示したいと思ってやった』という説明でした」というのは、新政会に属する市議、古屋博人氏である。

私は、この古屋氏を自民党員だときかされていたが、いつの間に〝われわれ革新系〟の一人になったのか――。

「いや、私は自民党員ですよ。立川に自衛隊がくることには反対ですが、わが国の安全保障という観点から、自衛隊の存立は十分に認めています。

しかし、市民が賢民か愚民かは別にして、自民党員である前に、その意向を代弁するのが、われわれの本旨だと考えています。

長が保守であれ、革新であれ、地域エゴに徹すべきであって、パターンとしては条件闘争です。反対の旗を下ろして闘争はない。反対の旗をかかげて条件を引き出す。そういう価値観の問題が出てきた」

これが、彼の基本的政治姿勢であるらしい。その彼が、なぜ〝革新〟を口にしたのか。その説明のためには、立川市議会の色分けに触れなければならない。

前にいったように、四五年の市議選で、保守派は三六議席中の二三を取った。その後、このうちの一人が去年の夏、死亡して、現在は三五議席となっている。何事もなければ、保・革の議席数は二二対一三で、保守は安定勢力であった。ところが、保守派二二人のうち、古屋氏ら五人が、去年の九月、別行動をとって、あらたに新政会を結成した。これで、保守派は、従来からの政和会一七人と、新政会の五人に割れ、同時に政和会は過半数に一人足りない勢力へと転落したのである。

地元の新聞記者が、その経緯を次のように解説する。

「議長は、保守の中での一年ずつのタライ回しで、例年九月に改選されてきた。ところが、去年の九月になったらオレにさせろというのが二人待っていて、どうにも調整がつかない。一人が古屋氏で、もう一人が清水亀吉氏。結局、九月議会はガタガタで流れてしまったんです。

保守派の大方の意向は、後任は清水氏で固まっていたようです。九月には議長の就任挨拶を印刷していたという話ですからね。古屋氏は、このままでは議長になれないと判断したのでしょう。たもとをわかって、五人で新政会の結成に走った。もっとも、この五人のうちの三人は、純粋に自衛隊の移駐に反対という、政治上の理由からですがね」

防衛庁幹部との〝会食〟

前後するが、立川市議会は、四六年一〇月、前にいったように、自衛隊移駐に反対の意見書を全会一致で可決、保守派も表面上は、その年の八月に当選した阿部市長と同一歩調をとっていた。

だが、同年一二月の定例会で、市長が自衛隊の違憲論を言明したことなどから、保守派は「自衛隊を思想面から否定する市長に同調できない」と対立を深め、明けて翌四七年一月、二二人のうちの一九人が、部分返還を求める一二項目の要求をつけて意見書撤回を単独採決、可決してしまった。逆転である。

ところが、再逆転がやってくる。去年の一二月一三日、革新系一三人は新政会の五人に呼びかけ、一八人の過半数をもって、移駐反対の意見書をふたたび採択したのである。

古屋氏の新政会結成の動機は、議長問題にあったのではなく、氏のいうように、あくまでも、移駐反対の住民の意志を尊重するところにあったのかも知れない。その詮索はともかく、阿部市長が純粋に与党と呼べるのは、いまや共産党の四人だけという、きわめて不安定な立場に置かれている。

これまた複雑なのだが、市長選で阿部氏を推した支持団体「明るい立川をつくる会」が、その後、社、共の主導権争いで割れ、社会党系が別組織の「平和な立川をつくるみんなの会」をつくったからである。

いまのところ「反移駐」で過半数の一八人を辛うじて保ってはいるものの、それは〝自衛隊の存立を十分に認める〟保守派五人を加えてのことであって、それがいつ、どういうことで反阿部市長の旗をかかげるか知れたものではない。うかつに「自衛隊は違憲」とはいえない情勢にある。

そうした阿部市長を、純然たる革新の立場から見ると、とんでもない革新市長に映る。

「選挙中、自衛隊の違憲訴訟を起こすなどと威勢のいいことをいっていたんですが、保守よりわるいんじゃないかと思うくらいグラグラしていますね。

立川署長が交替したとき、新旧署長を囲んで、基地の中の米軍将校クラブで歓送迎会があった。基地の中は酒なんか無税だから、安い費用でできるんですね。その会に市長は、定例会を休んで出席している。翌日、ボクが議会で文句いったら『警察には交通安全その他で協力してもらうことがあるから、かならずしも反対するのは、行政官の立場じゃない』と、こうなんですから。あとから共産党にも文句いわれたようですよ。

それから、去年の三月に先遣隊の移駐があったでしょう。そのときの防衛庁の責任者は、元山清人東京防衛施設局長です。その元山局長が、五カ月後の八月に定年退職したとき、芝のパーク・ホテルで、市長と議長と共催の送別会を開いて、費用を交際費の中から折半で持っているんです。

その席には、新任の高松局長のほか、何人か役人がいて、こちらからの出席者は、古橋議長、鈴木副議長、志村政和会長と、みんな移駐賛成者ばかりなんですよ。

これを九月議会で、社会党の能登尾議員とボクが突ついた。基地反対、宴会政治反対が市長のスローガンですからね。

そうしたら『あれは宴会ではなく会食だ。部分返還を推し進めて行くために、防衛庁との接触は必要だ』と答弁していました」

そんな話を苦笑しながら話していたのは、前出の立川反戦市民連合の島田氏である。

立川移駐のメリット

阿部市長は、就任いらい市議会で、自分の発言についての訂正、陳謝をすでに三八回も記録しているといわれる。

「いうことがくるくるかわって、取材にあたっているわれわれは、大いに迷惑している。彼に無能のレッテルをはってもらわないことには、その都度、前の記事の打ち消しをしなければならないわれわれが、困る」と極言する新聞記者もいた。

「共産党の路線だと思うんですが、議会で重大発言をしましてね。『国を守るための自衛力は必要であって、われわれが政権を取った段階で軍隊のあり方を考えるべきだ』というんです。『それはおかしい』といったら、たちまち『非武装中立がのぞましい』でしょう。『今度は社会党かっ』と野次ったんですが、本当に自衛隊反対をやっている人間のカンにさわることばかり、やってくれるので困っています。〃拒否〃にしたところで、那覇がそれをやったあとの一一月一五日の革新市長会で様子をきいてきて、マネしただけのことですよ。部、課長など、市の中では、法律的にどうかとか、全然、論議も検討もしていない。問題が起きてから、あわてて始めるような始末ですから。

一二月一七日の議会で、あんまり変なこといわれると困るなと思いながら、どんなことを考えているのか質問したら、『登録を拒否します』とペロッとしゃべっちゃった。それが、始まりなんですよ。

感情的になって窓口でケンカするということではなく、国民全体の論議として問題を提起すべきだと思います」

島田氏も、最後には面倒を見かねるといった表情なのである。

一日、防衛庁にベテランの防衛記者会のメンバーを訪ねた。

「自衛隊の立川移駐は、災害救助のためというけど、説得力は弱いですね。図上の演習は、関東大震災みたいなケースを想定しているようですけど、その場合、災害がもっともひどいのは、江東地区と川崎でしょう。江東地区に行くのなら、以前にいた宇都宮や霞ヶ浦の方が、距離的によほど近いくらいのものです。それだけの災害なら、東京全体が火の海で、立川から飛ぶには北の方を迂回しなければなりませんしね。

川崎にしたところで、すぐそばに羽田があるじゃありませんか。そうしたときに、羽田空港は当然クローズされるでしょうから、ヘリコプターでも小型機でも、どんどんおろして、ここを基地にすればいい。

しいて立川にくる理由をさがせば東部方面航空隊は東京方面総監部の近くにあった方がベターだという〝形〟の上のことだけでしょう。たったそれだけのために、国民との摩擦を惹き起こしてしまう。そのデメリットの方がはるかに大きい。防衛庁の内部にだって反対の声が随分あるくらいですからね」

しかもこの一月二三日、日米安保協議委員会で立川基地の日本への全面返還が正式に決定した。自衛隊移駐反対運動は、今後、さらに熾烈さを増すと思われている。

この問題も、元はといえば、住民の意向を無視した強行移駐にあった。空幕が、立川基地に色気を見せなかったのは、住民の反発を予想した上でのことだと彼はいう。空幕はそれだけ、地域住民の基地反対にすれていて、陸幕は、逆にあまり経験がない。その差が出たのだというのである。

国民と自衛隊との距離

それはそれとしても、市民多数の意志を背負った基地返還要求が、登録拒否などという愚劣で、浅薄な戦術のために、かえってよこしまに映ってしまった。その責任を阿部市長はどうとろうとしているのだろう。

それでなくても社会から白眼視され続けてきた自衛隊員は、あらたな差別によって、さらに〝国民敵視〟の思想を深めないとはいえない。事実、隊内で、その種の教育がなされていないとはいえないのである。

「演習のたびに、治安警備を隊員にやらせている。内乱に備えるというのだが、外敵が侵入してきたとき、国内で反乱が起きるようじゃ、戦争なんかとてもできません。そうなったら、すでに負けなのです」

記者の懸念は、そうした自衛隊の姿勢が、さらに国民のあいだに治安出動の不安を抱かせ、そこに生まれる白眼視が、さらに自衛隊を遠くに追いやることだという。こうした、単なる感情の投げつけ合いが、いったいわれわれのあいだに何を生むというのだろう。不毛としか私にも思えない。

いま論議されるべきは、自衛隊そのものであって、問題のすりかえは、われわれの社会に、一つの大きな不正義を育てている。

自衛隊を理不尽に差別し、社会のかげの部分としてのその狭隘な場所へ〝村八分的〟に自衛隊員を押しこめることで、反戦、反軍の良心のあかしが容易に得られるのだと考えるとしたら、それは危険な思い上がりではないのか。

多くはいわない。自衛隊員の多くは、それでなくても、差別を受けやすい立場からいまの職業を選んだ。彼らに対する地方自治体をあげての差別が、だれの名において許されると思うのか、はっきり答えてもらいたい。

この不正義が革新の名において許されるとでもいうのなら、そのような革新は、今日ただちに滅んだ方が社会全体の利益にかなうだろう。

むつ小川原　ゴールド・ラッシュの恍惚と不安

私が訪れた六月初旬の青森県上北地方は、東京よりほぼ一月遅い新緑の盛りで、若葉の照りかえしが肌を染めるばかりであった。

本土の北端に突き出た下北半島の頸部にあたるこのあたりは、手つかずの自然をふんだんに残し、陽光の下に、のどかな田園風景をくりひろげていた。

高みに立つ私の足もとから、なだらかなスロープが、一番刈りを終えた牧草の堆積を点綴させて、やがて沢へ下り、灌木群を渡ると、その先に葦の茂みをひとしきり続かせ、はるかな湖沼へと伸びて行く。

この起伏のゆるやかな広がりは、都会疲れの私を、一時なりとも、蘇生させるに十分なはずのものであった。それにもかかわらず、風物を暗く見たのは、ここへはいる前、青森市で地元記者から仕入れた、にわか勉強の予備知識が、私のどこかにわだかまっていたからに違いない。それは、上北の人びとの貧しさである。

事の順序として、私の報告は、この地方に降って湧いた「むつ小川原巨大開発」のあらましから始めるべきなのかも知れない。しかし、開拓部落の長老からの取材を冒頭に置きたい。

かつて、この地方に、太陽の恵みの他は、どの種類の光も照りかけたことはなかった。上北の歴史は、棄民の歴史でもあった。その実態を、ちらとでも、のぞいておく必要があると思うからだ。

青森県のチベット

青森県上北郡六ケ所村大字倉内に佐藤繁作氏（62）の家はある。彼の肩書きの一つは六ケ所村議会議員、もう一つは庄内開拓農業協同組合長。しかし、戸数五五戸のこの部落の人たちは「団長」としか呼ばない。

青森に「庄内」とは、いささか奇妙であるが、この名称は、彼らの出身地をあらわしている。彼らは、故郷に住めなかった。日本の歴史に翻弄され、漂流を余儀なくさせられたからである。

山形県酒田市生まれの佐藤氏は昭和一二年、二七歳で満洲に渡り、満蒙開拓ハルビン訓練所にはいった。そして翌年、ハルビンと牡丹江の中間にあたる朱河県三股流に庄内開拓団（二〇〇戸）を開いた。彼は、その団長である。この開拓団は庄内「西三郡」の出身者で成っており、全満で最初の「分郷」となった。いま、すっかり白くなって、小柄な佐藤氏のホホからアゴをおおっているひげは、このとき、若さを威厳で補うために生やした名残りである。

敗戦後の昭和二一年一〇月、団員を引率して郷里へ引き揚げてきた佐藤氏は、翌二二年五月に現住地へ入植するまでの七カ月間、わずか二八日間しか母親のもとにいなかった。どの道、故郷では生計を立てるすべがない。開拓地をさがして、農林省へかけ合いに出かけたり、しかるべき候補地を見て歩いたりしたのである。

そうこうするうち、二二年の二月、佐藤氏は、青森県が二〇〇戸の入植を引き受けるという耳寄りな情報を農林省できいた。早速、仲間二人と引き返し、青森県庁の窓口へ行ったが、一向にラチがあかない。

だいたいの見当をつけた二人は、東北本線野辺地《のへじ》駅から六ケ所村横浜部落を目指して歩き出した。いまでも「青森県のチベット」と呼ばれているこの地方に交通機関などはない。二五キロの行程を徒歩である。しかも二月のことで雪が降り始め、積雪の中を、二人ははって進んだ。やっとたどりついたが、開拓部落にするには地形が狭くて、どうにも不向きだと判断された。

その足で農林省に舞い戻った佐藤氏は、ふたたび入植地を求めて、粘りに粘る。なにしろ、満洲引き揚げの団員たちの生活が、彼、佐藤団長の肩にかかっているのである。熱心さにほだされた係官が「この辺は国有林だから、なんとか、格好の土地があるはずだ」と指し示してくれたのが、いまの場所であった。

またまた青森県庁にとって返した佐藤氏は、開拓課の窓口にあらわれる。しかし、その返事は「前にも希望者がいたが、営林署が許可しないためはいりかねた経緯がある」と絶望的なものであった。

それでもあきらめない佐藤氏は、営林署の署長に面会を求めて「見るだけでも見せてほしい」と談判、ついに署長を連れ出すことに成功した。そのときの行程は、東北本線乙供《おっとも》から六ケ所村倉内まで二〇キロを歩いて一泊、翌日は舟で小川原湖を渡り、東北本線の沼崎へ戻るというのであった。

「それだけ歩けば署長も人間に帰るよ」と佐藤氏は当時を思い出していう。

道々、佐藤氏は署長に語りかけた。

「季候がどうのなどと、文句は一切いわない。人間が住めるところならどこででもやります。住むに家なく、着るに衣のない団員に、生活の場を確保するのが私の使命です。どうかお願いします」

満洲で死線を乗り越えてきた苦労話もした。すっかり感激した署長は、彼の独断で国有林の払い下げを決定した。上司である営林局長に許可を求めなかったのである。

入植が許されたときいた県の開拓課長は「あんなところにはいるのか」と驚きながら「あそこは風が強くてジャガイモが飛ぶ」と忠告してくれた。県がしてくれたのは、その程度のことだけである。

二二年五月、佐藤氏は先遣隊三〇人を率いて倉内にはいった。野辺地駅に着いた貨車から各自の荷物を運ぶのに、車がないから背に負って、片道二五キロを二往復する難行であった。

コメは一戸当り二斗ずつで、その年のうちに、病人だけにしかまわらなくなった。最高の「財産家」が、所持金三〇〇円というのであった。

住いは米軍貸与の野戦用テント。だがそれも、一二月一七日に五〇センチの積雪があり使用不能となった。佐藤氏は、その日づけをそらんじている。丸太を組み、カヤをふいて、急造の小屋に三〇人が逃げこんだ日だからである。

最初の年の収穫は、翌年用の種ジャガイモだけであった。五月に植えたのでは、遅すぎて、それも止むを得なかった。太平洋から吹きつける風は、イモこそ飛ばさなかったが、土を吹き立てて、目をあけていられない。

一六二〇年に米国東海岸プリマスへ漂着したピルグリム・ファーザーズには、インディアンという協力者がいて、トウモロコシの栽培を教えてくれたが、この三〇人は孤絶した冬を送ったのであった。

その翌年、さらに三〇人が入植したが、現金収入が皆無であったから配給米もとれない状態にあった。彼らは一〇年間というもの、電気のない暮らしに甘んじた。それこそ、太陽の恵みの他は、いかなる種類の光もささなかったのである。

こと庄内開拓部落に関するかぎり、民主主義が根づくいとまはなかったといいきってよい。

なにぶんにも〝ジャガイモが飛ぶ〟土地柄である。ここの土壌は、根を守るには、あまりにも地味が薄すぎたのである。

生きるための「独裁制」

二二年五月二二日の入植の当日、佐藤氏は全員を集めて、こう訓辞した。

「いままでは、おたがい友人だったが、今日からはそうじゃない。経営の面については団長にお任せいただきたい。ただいまから、みなさんの生命と財産を、この私がお預りします。ご不満な方は、いまこの場から退場して下さい」

一つには、県庁など関係機関とのもろもろの交渉のさい、いちいち部落の人たちに相談に戻るのでは、時間がいくらあっても足りないという事情があった。ハンコをつくにしても同様。なにしろ「青森のチベット」なのである。まごまごしていると、県庁往復に二日かかる。全員の実印が佐藤氏のもとに集められた。

庄内開拓部落は昭和二八年の冷害を契機に酪農へ経営を切りかえてゆく。この年、大豆の芽が出たところを冷害に襲われ、一切を失った。佐藤氏は支払われた冷害資金を各戸に分けず、ホルスタイン種の購入にあてた。最低一年は分娩をしないので、資金は、この間何物も生まない。目先の苦しさを考えるとき、これは明らかに冒険であった。それを決めた「独裁者」佐藤氏は、県当局から叱られもした。

しかし、これが基礎になって、全耕地五〇〇ヘクタール、乳牛九〇〇頭という現在の酪農村がひらけて行ったのであった。

後進国で、国民の意志が、すぐれた指導者の手にしばしば委ねられるのは、そうしないことには国家が成り立たない事情にもよるのであろう。「庄内」の場合は、まさにそうであった。

やっと将来の見通しがついたのは、ここ一〇年のことだと佐藤氏はいう。昭和三六年、佐藤氏は「生命財産お預り」の解除を部落に宣言した。しかし、だれ一人、実印を引きとりにきたものはいない。それらは、彼の金庫におさまっていて、「すいません。ちょっとハンコを貸してもらいたい」と、部落民は用があるときには、頭を下げにやってくる。

その意味で、ここには、まだ「独裁制」が続いていて、民主主義は不在である。それでいて不平不満が出ないのは、一戸当りの平均年収が二〇〇万円という実績を通じて、佐藤氏に従うのが間違いないことだと、一人一人が納得をしているからであろう。

この成功は、たしかに、彼の指導力に負うところが大きい。少なくとも、戦後わき起こった「民主政治」とやらの恩恵ではなさそうである。

彼らは原野にクワを入れ、佐藤氏の統率のもとに「自力更生」をはかったのであった。政治の光などという結構なものは、ついぞ、ささなかったのである。

新全総の最適地

六ケ所村は、太平洋に面した臨海部に地つきの人びとが農業と漁業を営み、内陸部に、開拓者部落が点在して酪農を経営している。人口一万三六〇〇人、世帯数二六〇〇。その内訳は、農業六五％、漁業二八％、商工業七％というから、典型的な僻地である。

このだれ一人かえりみることのなかった六ケ所村が、一躍世間の耳目を集めるようになったのは、昭和四四年五月の「新全国総合開発計画」の閣議決定いらいである。

一般に「新全総」と略されているこのナショナル・プロジェクトは、太平洋ベルト地帯の過密化の打開策として登場してきた。

「日本の重化学工業の立地は、規模の拡大による原料輸入比率の増大にともない、昭和三十年代半ばを境に、それまでの資源立地型から臨海性・市場立地型へと変わった。ところが、この臨海性・市場立地型が過度集中をひき起こし、太平洋ベルト地帯中心に、大都市周辺部に公害などの問題を発生させた。太平洋ベルト地帯の諸企業の工業出荷額は全体の七〇％をこえ、東京、大阪、名古屋などの大都市とその周辺に人口の五〇％が集中、公害、交通、住宅問題等の弊害が、集積の利益を上回るようになった。その半面では北海道、東北、山陰、南九州などに過疎化現象が起こっている。このような跛行的国土利用の状況を再編成しなおし、効率と均衡のとれた国土生成システムを早急につくり上げなければならない。その実現手段として、重化学工業の遠隔立地の方向づけがなされなければならない」（北海道東北開発公庫資料から）

こうした考えに基づいて打ち出された新全国総合開発計画（新全総）は、その条件として①大規模であること。工業出荷額は三〜四兆円、立地面積一万五〇〇〇ヘクタール以上、関連人口八〇万人。（鹿島は出荷額一・四兆円、立地面積三三〇〇ヘクタール）②臨海性で、三〇万トンクラスの大型船入港が可能な港の建設ができること③コンビナートの規模の利益の追求で、生産の効率化がはかられ、最新鋭の工業生産技術の採用ができること④公害のない、人間性豊かな生活環境を確保すること、などを挙げた。その候補地を選定した結果、北海道苫小牧、青森県むつ・小川原湖、秋田湾、周防灘・西瀬戸内、鹿児島県志布志湾が大規模工業適地としてリスト・アップされたのである。

これらの中で抜きん出て、最適条件を備えているのが、むつ・小川原湖地域なのである。

この地域は、本土の北端から西に突き出した下北半島をマサカリにたとえるなら、その柄に相当する、南北に細長い部分である。東の太平洋、西の陸奥湾にはさまれており、行政区域でいうと、三沢市、むつ市、東津軽郡平内町、上北郡野辺地町、横浜町、東北町、上北町、六ケ所村、下北郡東通《ひがしどおり》町の二市七町村がこれに当る。

この地域の人口は、昭和四五年末で一六万四〇〇〇人。県人口の一一・五%にすぎないが、面積では一七・三%を占めている。一平方キロ当りの人口密度は、九八・三人で、県内でももっとも稀薄な地域である。

したがって、未利用の土地が多く、最大限二万二〇〇〇ヘクタール(約七〇〇〇万坪)におよぶ開発が可能である。しかも、工業用水として、十和田湖より大きい小川原湖(六二・七平方キロ)があり、その貯水量が七億五〇〇〇万トンだから、一日一二〇万トンの貯水が可能である。陸奥湾は、東京湾の一・五倍、約一六万ヘクタールの水域を持ち、しかも水深が深く、海面が静かで、潮位の変化がないという天然の良港である。また、小川原湖周辺の臨海部には、いわゆる掘込方式による大型港の築造が可能である。

県企画部開発課は、新全総のあとを受けて四四年八月、「陸奥湾小川原湖地域の開発」というパンフレットを発表した。

ここでは、工業用地の場所や広さが具体的に示され、その面積は約一万五〇〇〇ヘクタール、工業生産額は約五兆円というのであった。ゆうに、鹿島の三倍から四倍の規模である。

不動産業者の暗躍は、その以前から始まっていた。独得の嗅覚が、エサのありかをかぎ出したものらしい。

この段階で、地域住民の多くは、開発の内容はおろか、そうしたものがあること自体を知らなかった。こんな僻地のそのまた僻地に、札束の雨が降ろうとは、考えたこともなかった人たちである。

「ダスケマイネ」の地

私たちは、この地方に、戦後日本の「発展」のパターンを、集約的に見ることができる。わが国における経済は、スピード違反を採算の前提として暴走を続ける、砂利トラかダンプのごときものであった。それにくらべるとき、政治は、彼らが残していった砂ぼこりを路傍に避けかねている、車曳きといった風情でしかなかったのである。政治の貧困、あるいは政治の不在——。農民たちは、戦後だけをとっても、いく度、国あるいは県の農業政策に煮え湯をのまされたかわからない。

昭和二九年、この地方に導入されたのは世銀借款による乳用のジャージー種であった。この乳牛は、飼料の消費が少ないうえに、その乳の脂肪分が高いという触れこみで、各農家が争って飛びついたが、見事、裏切られた。寒さに弱く、泌乳量がホルスタイン種の半分しかなかったのである。肉用にするにも、質がわるくてできない。現在では、飼育戸数が一六〇戸と、最盛期の一〇分の一に落ちこんでしまっている。

その次が、昭和三七年に始まったビート（甜菜）の栽培であった。県が音頭をとって普及奨励にあたり、同年一〇月、フジ製糖（本社・清水市）が三沢市郊外に進出して、処理工場を新設した。

ところが、五年後の四二年三月、フジ製糖は貿易自由化による砂糖の市況悪化で、操業を中止、地元の労働者を全員解雇して、ついには工場を閉鎖してしまった。下北、上北地方から岩手県の一部にかけてのビート栽培農家は九〇〇〇戸を越し、その作付け面積は二三〇〇ヘクタールに達していたが、これで大打撃である。

この間、三八年四月には、東北開発公社がその命運をかけた「むつ製鉄株式会社」が設立された。なにしろ、青森は工業の未開発県である。下北半島の砂鉄資源を活用するこの新企業は、地元の労働力吸収という期待もあって歓迎されたのだが、四〇年五月、業界の不況と採算がとれないことを理由に、あっさり解散してしまった。

さて、ビート栽培がだめになったあとの農家は、開田事業をすすめられて、稲作へと転換していった。ところが、例の減反政策で、折角ひらいた水田もそのまま休耕している。

六ケ所村を例にとると、八当沢の原野に八億円をかけて、今年の三月、二八一ヘクタールの開田に成功した。

ところが、この春、田植えをしたのは一〇ヘクタールにしかすぎない。しかも、このあたりが巨大開発の中心部というのであるから、行政の無定見ぶりを集約してみせたようなものである。

太宰治ではないが「ダスケマイネ」。ドイツ語ではない。南部弁と津軽弁を重ね合わせたもので、その意味は「だからだめなんだ」とでもいうことになろうか。

太宰ついでにいうと、いま上北には「選ばれてあることの恍惚と不安」が、二つながらにある。

土地ブームと新築ブーム

青森県の所得水準は、きわめて低い。全国の個人所得平均を一〇〇とするとき、この県のそれは七七・四(四三年度)であるにすぎない。この中には、失業保険や生活保護などの公的援助が含まれており、これらを除く生産による個人所得はというと、六五・二になる。調査年度はいささか古いが、その後、これが低くなっていても、高くなっていることはないだろうと県当局はいう。

「貧しさからの脱却」が、戦後一貫して追い求めてきた、県民たちの目標であった。

しかし、いくら彼らが踏んばったところで、個々の力では、どうなるものでもない。「貧しさ」というのは、とりもなおさず「政治の貧困」である。この使い古された言葉が、青森では、切実にひびく。

今度の土地ブームをとっても、上北へまずやってきたのは「経済」であって、「政治」は、まだその姿を見せない。

四四年八月一日いらい四六年一二月三一日までの間に「むつ小川原地域巨大開発」の中心地と目されている六ケ所村で、一二六一件、一七八〇ヘクタールの土地が不動産業者の手に渡った。このほか、仮登記、売買契約などの形で実質的に移動した土地がほぼ同じくらいあると村役場開発室では見ている。同村の民有地の総計は一万三〇〇〇ヘクタールだから、その四分の一以上が、すでに業者の〝虫喰い〟にあったといってよい。

業者の数は三七三人で、そのうち県外からのものが二五八人（東京一二〇人、神奈川五〇人、千葉二六人、茨城一七人、埼玉一三人など）となっている。これらの土地取得が投機対象であることはいうまでもない。

このような不動産業者の跳梁《ちょうりょう》がひとしきり終った四六年四月、北海道東北開発公庫六億円、県一億五〇〇〇万円、民間（一五〇社、一社当り五〇〇万円）七億五〇〇〇万円の出資による「むつ小川原開発株式会社」が発足した。これと同時に「青森県むつ小川原開発公社」もスタートしている。

この両者は「公社」が土地取得のための地主との折衝など実務に当り、「会社」が売買契約と代金支払いを行なうという相関関係にある。これによって、悪質ブローカーによる用地の蚕食を排除しようとのねらいがあった。

ところが、この官民合同の「会社」の発足より早く、三沢市に、まったく同名の不動産業者が登記を済ませて、営業を始めていた。なんとも、しまりのつかない話である。

そればかりではない。この「会社」の発起人には、大手不動産会社の社長が名をつらねている。そして、六ケ所村でいうと、不動産業者の手に渡った土地の四分の一は、その大手の系列下にあるN不動産によって買い占められている。

しかし、村民はだれ一人、そのことを知らなかった。彼らは、同じ県民でさえもが「チベット」と呼んでかえりみなかった自分たちの土地が、高値で買われてゆくことを、ひとしきり、単純に喜んでいたのであった。

六ケ所村、といっても、東西が八〜一〇キロ、南北が三二キロとだだっ広い、面積からだけいうと市に相当する区域である。しかし、舗装率は一%にも満たない。車ではいると砂ぼこりが舞い上がって、窓をあけておくわけにはゆかない。そのむき出しの道路わきに、点々と、新築の家屋がカラー・トタンの屋根をきらめかせている。

土地ブームいらい、新築の件数は四〇〇を越えた。向う三軒両隣に一軒は、真新しい住宅ということになる。実際には点在しているのだが、どれもこれも、モザイク模様の新建材を玄関のあたりに配して、つい今しがた通りすぎたのと、また目の前に現われたのと、シャム双生児を見るように似かよっている。

ある村議の家は、間数が一六あって、「温泉のような風呂場」を備えているといわれる。別の家では、洋間にシャンデリアを飾り、短い北国の夏をしのぎ切れないわけでもないであろうに、冷房完備だとか。

私は、上北地方を歩きながら、ある炭鉱の落盤事故を思い浮かべていた。正確には、その救出作業の光景をである。

数日間、坑内で〝奇跡の生存〟を続けていた作業員は、救出の手が届いて運び出されるとき、タンカの上で目隠しをされていた。太陽光線が、暗闇の中でうずくまっていた彼の視神経をおかさないための配慮である。

私がこの連想に走ったのは、他でもない。古めかしくいうと「山吹色」の黄金の光に、上北の人びとの「視神経」もおかされ始めているように思えたからである。

私が足を踏みこんだ次の日の朝、『東奥日報』の社会面は、トップに「ウフフ、オホホ、アッハッハ、ころがりこんだ三億円」という記事をのせていた。

三億円の札束

上北郡東北町に横沢という戸数二九の部落がある。東北町の役場がある乙供からも、東北本線の野辺地からも、ともに一五、六キロの山間の僻地で、四方は、国有林に囲まれている。この地方で見かける鮮魚の行商人もはいらないという、とり残された貧しい部落である。

その横沢に、札束騒動が持ち上がった。さる三月のことである。野辺地に進出してきた東京の不動産業者T社が、部落の共有林七三ヘクタールを買いにきたのがきっかけであった。

現に住んでいる宅地とか、耕している田畑の売買であれば、決心もつきかねるが、何の利用価値もない、ただのハゲ山のことである。しかも、言い値が一ヘクタール当り四〇〇〇万円を越える。

この地方では、かつて、田畑であっても、一〇アール当り一万円を越えて売買された例はなかった。もともとが火山灰地で地味に恵まれず、主な作物の一つになっている菜種を栽培したとして、反（一〇アール）収四升（七・二リットル）がせいぜいである。今年の取引価格でいくと、一升が四〇〇〇円であったから、一万六〇〇〇円の粗収入。ここから、肥料代や農機具の償却費などをさしひくと、せいぜい反収一万円にしかならない。どの農家も平均して、一戸当り二ヘクタールの田畑を持っているが、こういう状態では、例外なく貧しい。だから、田畑の売買は、実質的になかったにひとしかった。買い受ける資力もなければ、買い受けたとしても、若者が都会へ流出していく僻地で、それを耕作する労働の余力もまたないからである。

横沢部落の話し合いは、一カ月でまとまった。そして、代金受け渡しの六月一日がきたのである。

T社の依頼で、その支度をしたのは、弘前相互銀行野辺地支店であった。午後一時、武装警官四人をのせたパトカーが先導して、支店の車は部落へ向った。部落民の共通した要望によって、代金は、すべてキャッシュで支払われることになったからである。総額にして三億三〇〇〇万円あまりの札束は、こうして、二時前に部落についた。

取材した『東奥日報』の野辺地支局長木村氏によると、人びとは、興奮のあまり、受け取った札束を数えることができなかったという。

一軒の民家が、受け渡しの場所となった。

全戸二九戸のうち、共有林の権利を持っていたのは二二戸で、持株の数に応じて、最高は二九〇〇万円から、最低で二五万円まで、文字通りの「山分け」である。

木村氏は、こう書いている。

「『マアよく数えてみてください』とT社の社員二人からテーブルの上にのせた一〇

〇〇万円の束や、端数——といっても数百万円の場合もあった——をズイと押し込まれると、それに差し出す手はブルブル。受け取り証を書く手もまたブルブル。支払うためだけで約三時間の作業だった」

　預金獲得をねらって集まってきた銀行、信用金庫、農協の人びとは、一〇〇人を越えたという。だが彼らは、それを一日延ばさなければならなかった。部落民の多くは、札束を一晩、神棚に上げ、先祖に報告したからである。

村長は開発反対

　だからといって、地元の人びとのすべてが、土地ブームに相好を崩しているというわけではもちろんない。

　村でもっとも渋い表情をみせているのが、村長、寺下力三郎氏である。

　六ケ所村役場は、それこそ、いまにも倒れそうな木造建築で、土地ブームをあてこんで新築中の銀行の支店が道路をはさんだ真向いに位置しているだけ、貧相さがひときわ目立つというものである。

　村長室の壁には、住民の一人が寄せた色紙がはってあった。

「気をつけよ。悔発で六ケ所を無ケ所にしたがる阿呆もいる。一村民」

　余計な注釈はいらないかもしれないが、悔発は開発をもじったもので、のちに悔いが残るぞという心持ちをこめている。無ケ所とは、六ケ所村の解体をいっているのである。

寺下村長は、社会党の元代議士に近いところから、革新系という人もいるが、都会で考える革新首長のイメージとただちには重なり合わない。私の受けた印象では、むしろ穏健な良識派といった感じであった。

「いまはかわっているが、最初、(竹内・青森県)知事のいったことは、公害のない開発をする、これは住民の幸福につながる、地域周辺の生活につながるということでした。

ところが、くる企業をきいてみると、発電所、鉄鋼、アルミナ、石油と、どこの地帯でもいやがられて、総スカンをくっている企業群が、何層倍もの規模でくるということでしょう。現在みられている四日市の何層倍のものを立地させて、公害が出ないものか、これがわれわれの素朴な疑問です。

県の計画の第一次案によると、六ケ所村だけで一二六〇世帯の移動だった。辺地では考えられない規模の大移動です。

よそさまからは貧乏地帯だといわれているが、ようやく糊口をしのいでいる人たちが、ここよりせちがらいところへいって食えるものだろうか。そこが安住の地たりうるか。

移るとして、五〇世帯ないし一〇〇世帯の部落単位でまとまってはいらなければ、連帯感でもってきている部落民の生活は破壊される。

この二つの疑問からして、怪しげな開発といわざるを得ない。私は、だから怪発といつもいっているんです。ねらいはどうも、このあたりを空白地帯にして、太平洋に垂れ流しをするところにありそうですね」

この弁で明らかなように、寺下村長は開発反対派である。というより、その先頭に立っている趣きでさえある。

鹿島での「学習」

四年に一度、選挙によって村長を選ぶという点では、六ケ所村にも「民主主義」はあった。しかし、住民の一人一人が、生活とのかかわりの中で「政治」を考えるようになったのは、昨年八月に、県の「住民対策」が発表されてからである。

その内容は、美辞麗句で綴られていたが、村民の少なからざる部分に疑問を抱かせたのは、村長の話にもあった一二六〇世帯という大量立ち退きである。

六ケ所村は、その名の通り、六カ所に部落が点在しており、この一二六〇世帯というのは、その「中心部」の壊滅を意味していた。全戸数二六〇〇のうちの、これは半分に相当する。

住民の不安、猜疑心をあおったもう一つ大きな要因として、このときになるまで、彼らには、開発について一回の説明会も開かれなかったことが挙げられる。その間、土地ブローカーの蚕食は、どんどん進んでいたにもかかわらずである。ここでも「経済」が優先していた。

いまだかつて口にしたことのない「資本の論理」などという四角い言葉を、彼らが使うようになった。鹿島で名をあげた「開発研究家」が教えたのである。

上北の人びとを「民主主義」に目ざめさせたのは、春秋の筆法を以てするなら、カバンに現金をつめ、特別製のジャンパーの大型ポケットに札束をねじこんで歩き回る、主として東京の土地ブローカーであったといえる。

寺下村長が地域住民の意識向上に果たした役割も小さくない。彼は、一〇七〇万円の「開発対策費」を村費で組んで、昨年一〇月から一一月にかけて一五班四一五人、今年三月から四月にかけて四班四一人の村民を、〝理想的開発〟が行なわれたといわれる鹿島臨海工業地帯に送りこんだ。

「自分の眼でみて、いかにもいい、快適な環境だと、喜んで立ち退くのであればいいでしょう」

というわけである。

賛成派もいれば、反対派もいる。そこで去年の視察団は、学校の先生、婦人会役員、部落会長、農業委員、村議ら、すべての班が呉越同舟であった。現地での指導、案内には、村長の招きで六ケ所村へ何度か講演にきたことのある「開発研究家」とそのグループがあたった。

往復に車中二泊、現地に一泊という強行スケジュールは、今年度の一般会計が六億八〇〇〇万円という〝貧乏村〟のふところ工合からくるものである。

今年の視察団は、反対派一本にしぼられた。なにがどうあっても村に残ろうとする人たちに、最終的な納得が必要だという理由からである。

この人びとは、コメ持参で現地の民家に自炊の合宿をし、車中二泊、現地三泊と日程にも余裕を持たせた。本格的「学習」が、いよいよ始まったのであった。

その報告書というのがある。各班のそれに共通のいい回しや視点が多く出てくるのは、指導・案内役の「開発研究家」の口写しであろうが、およそ、リポートなどとは無縁であった農・漁民のものとは思えない「学習ぶり」を盛りこんでいる。

「鹿島町下塙部落のU氏は、土地は売れたし、豪華な住宅（二〇〇〇万円）に住み、豚六〇頭を飼育していた。町では豚飼育の模範農家に指定し、豚は小面積でも収入あると宣伝した。

しかし、それも三七年～四一年まで。指導を受ける見学者や農民が多く訪問し、真に面目を施したが、周囲の土地はほとんどブローカーの手によって買収され、S金属の社宅が建つと、悪臭の苦情が出て、四三年、ついに豚を処分した」

「Yさんは二〇〇〇万円の住宅を建て、ビニール栽培でピーマンをつくっていたが、煤煙粉塵でピーマンに斑点ができ、ついに中止、いまでは日雇労務者に転向している」

「工場より排出される毒性物質。①六価クロム②シアン③カドミウム④マンガン⑤亜鉛⑥発電所の高温冷却水」

「S金属の一日の毒性物質の含有排出量。

八二万九〇〇〇トン×〇・〇六六ppm＝五四・七キログラム
これは青酸カリ換算一二七キログラムで、一人の致死量は〇・一五グラムであるから、八五万人の殺傷力を持っている」

このように、化学的知識もあやふやで、表現も非科学的ではあるが、ズブの素人がじかにたしかめた「恐怖感」は、意外に説得力に富むのである。


「公害浪曲」


一方、村では、反対派の中にあって「ジャンヌ・ダルク」的存在である農婦など、何人かの「闘士」を生んだ。

なにかにつけて中央ジャーナリズムに登場する吉田又次郎老は、「むつ小川原開発六ケ所村反対同盟会長」として、その代表格である。
吉田老は、青年のころ失明して、再起のため浪曲をレコードで習いおぼえ、一帯を流し歩いていた地方の浪曲家であった。なにかにつけてうなる彼の「公害浪曲」は、地元でそれなりに有名である。

〽水や空、空や水なる太平洋
波に生まれて、波に死ぬ
沖の鷗じゃないけれども
どんと立つ波、返す波
明日の生命は白波の
男度胸の見せどころ

浪のしぶきは親潮と
世にうたわれて今もなお
馬で知られた六ケ所は
何とよい村、よいところ
こんな景色のよい場所を

何で企業に渡さりょか

地元にはいったカメラマンは、だれよりもまず、吉田老にレンズを向ける。「絵」になるからであろう。

いまのところ、反対派の英雄的存在であるが、例の「ジャンヌ・ダルク」(副会長)との背反がうわさされていたりして、会の内情は、混沌としたものらしい。だいたい、この会は会員の数もさだかでなく、組織と呼ぶには遠いようである。

吉田老は、だが、この「組織」をバックに三月七日、農協の理事選に立候補した。その得票は四六票。七〇票ラインで当選だというから、組織力のほども、そのあたりにうかがえよう。

絶対反対の立場をとっているときかされた吉田老であったが、その発言はとなると、かなり「柔軟」である。

「県信連にいってやった。一軒につき一億円出すから、何もいわずに承諾してくれといったら、六ケ所は何もしなくてもヘビの抜けがらのようになるってね。三〇〇〇万貯金すると六分計算で一八〇万円の利息がはいる。二〇〇〇万で家建てて、残りで畑くらい買えるだろう。われわれの土地は、われわれでみつける。札束並べてみせろ。ガラガラと賛成する。一億で足りないから、二、三〇〇万くらいの移転料出したらどうか、くらいの調子で行くかも知れない」

彼が、その前にるる語ってみせた「原爆の原料をここでつくるのじゃないか。最後は軍事産業につながると考える」といった反対論は、しょせん〝移入知識〟でしかないのかも知れない。

私の耳には、寺下村長の言葉の方が重苦しく残っている。

「貧乏人にカネをみせるのだから。そういう弱い地帯をねらって……」

「私は貧乏村の貧乏村長です。一人でもこの村に残るという人がいるかぎり、貧乏人の立場に立って政治をとる。それが、私のつとめです」

「来期の村長選ですか。知事も私がいたんじゃ邪魔でしょうから、自民党の総力を挙げてくるでしょう。前回が僅差だったから、今度はダメでしょうな」

「赤坂、新橋で何億という交際費を使う政治がある反面、こういう貧乏村がある。交付税をせめて三倍にしてくれれば、辺地だって何とかやれるんですがね」

「青森人民共和国」論

本土の北端に立って「沖縄」を思うというのも、かなり奇妙である。沖縄は、切り捨てられた「トカゲのシッポ」に「民族意識」を結晶させて、声高に叫び続けてきた。そして、本土は、心の痛みを抉《えぐ》られるように、叫びをきいたのである。

私は思う。「青森」の叫びが、中央に届いたことがあったかと。「青森」の悲劇は、本土から切り離されることなく、その北辺に打ち棄てられてきたところに起因している。

冷害積雪地帯への補助一つとっても、青森は北海道より低い。社会的、経済的に後進県であるにもかかわらず、そうなっているのは、青森が「内地」だからである。人びとは「本土並み」より手前の「北海道並み」を長いあいだの願望としてきた。

地元記者は、笑いながらではあったが「青森人民共和国」論をぶち上げてきかせてくれた。中央に期待を向けながら、いつも裏切られてきた青森は、いっそ弓をひいて「東北新幹線は青森を通さない」と開き直るというのである。

「そうすれば、少しは青森のつらさに、目を向けてくれるかも知れない」と、結局は、中央志向ではあるのだが。

私自身は、開発より、自然保護に傾きがちである。それをいうと、彼は「こちらの身にもなって下さいよ。青森で煙突から煙の出ているのは、フロ屋と火葬場だけなんですからね」といった。

産湯をつかってから灰になるまで、貧にあえいできた辺地の人びとに、マクロ的見地から自然保護を説く。それは、たしかに、中央ジャーナリズムのエゴというものかも知れない。私は弱気を出して、ひとわたり土地ブームが行き渡ったあと、開発計画が全面中止になったらと、胸の中でつぶやいてみたりする。

さびしい民主主義

青森で、失業保険の受給は、米作、リンゴ栽培に次ぐ〝第三位産業〟だときいた。そのことは、青森の経済が、出かせぎ労働で支えられていることを意味する。その主力は、上北の人びとなのである。

東京五輪、万博、札幌五輪関連の道路建設工事に従事した多くは、彼らであった。盆と正月の二度、人びとは、砂ぼこりの砂利道を踏んで妻子のもとへ帰る。経済の二重構造どころか、彼らは高度経済成長というアスファルト舗装の下に塗りこめられた砕石のような存在である。

「どうせ出かせぎの先は、公害地帯でしょう。それなら、地元に企業を誘致して、家族のもとから毎日通った方が――」

地元記者の現実論は、私に説得力を持って迫るのであった。

高度経済成長の恩恵に浴することのもっとも少なかった青森の人びとが、そのひずみを一身に受けて「巨大開発」の踏み絵をうながされている。しかも、彼らは、すすんでそれを踏もうというのである。

いまこそ「本土並み」を、と願う「青森の悲劇」に、われわれは、心の痛みとはいわない、せめて後めたさくらいは覚えるべきなのであろう。

芽生えかけた上北の「民主主義」は、札束の前に、あえなく吹き飛ぶこと必定である。

役場職員三〇年の末に、村長として地域の幸福に心を砕いた寺下氏は、改選期のこの暮れに、村長室を去って行くであろう。その後姿が、いまから見える。去ることが、選挙の結果の村民の多数意志であるとして、なんとさびしげな「民主主義」ではあることか。

沖縄返還　もうひとつのドキュメント

国務省から国防総省へ

「ポトマック河を渡れ」――というのが、在アメリカ大使館付としてワシントンに赴任するある日本の外交官（かりにN氏としておこう）に負わされた任務であった。昭和三九年秋のことである。

その春、外務省内部で、沖縄はアメリカ局北米課の所管に移された。それまで沖縄関係の事務は、純然たる地理的概念にしたがって、韓国などと同じく、アジア局北東アジア課の所管だったのである。外務省にとって「さしたる仕事もない」といった程度の存在にすぎなかったということであろう。

その沖縄が、北米局北米課（当時現アメリカ局北米第一課）の所管に移されたということは、おぼつかないながらも沖縄の将来について、アメリカを相手に何らかの話し合いの糸口をつけなければなるまいと、外務省が腰を上げたことを意味していた。

とはいっても、その沖縄の将来は、「返還」というような、はっきりした形で描かれていたわけではない。なにしろ、サンフランシスコ講和会議で辛うじて「潜在主権」は残ったものの、何ら発言権のない日本政府であった。本土政府が沖縄の学童にわずかな教科書を贈るにも、琉球列島米高等弁務官の許可を必要とした時代である。アメリカに〝お願い〟をしながら、自国民に〝援助させていただいている〟身分には、沖縄を返せ、などと切り出せるはずもない。

ただ、沖縄をいつまでもアメリカの施政権下に置いておくことはできない、という強い気持があったのは事実である。それが、いったい、いつ解決されるのかは、まったく五里霧中であったが――。

それより、沖縄の現地で米琉間に起こる諸問題の善処方を、在日アメリカ大使館を通じて国務省に要望するのだが、これが一向に結果が出てこず、どうやら所管の国防総省へ届かないらしい事の方が切実な問題であった。

沖縄を押えているのは米軍だから、それが国防総省へ届かないことには、なに一つ解決しないのである。「またポトマック河にはまったかな」と、外務省の担当官は、よく囁き合った。国務省と国防総省は、ポトマック河をはさんで建っている。

「ポトマック河を渡れ」という任務は、こうした背景から生まれたのである。

ワシントンに着任したN氏の仕事は、国防総省の沖縄担当官たちに、次々と電話を入れることから始まった。

ところが、目指す相手は、あからさまに居留守をつかったり、あとからかけ直すというので待っていると、ナシのツブテだったり……。思いあまってペンタゴンに出掛けていったら、玄関払いにあう始末である。難攻不落。

その年の一一月、N氏が思いあぐねていると、北米課の担当者が東京から出張でワシントンへくることになった。

この機会をなんとかものにしたい。そう考えたN氏は、担当官がわざわざ東京からやってくるのだからと、国務省日本課の担当官に、国防総省と日本側のフリー・トークの場をつくるよう、橋渡しを頼みこんだ。そして、ようやく国務省内の会議室で、日米の顔合わせが実現したのである。ポトマック河を渡ってやってきたのは、陸、海、空の佐官クラスと、同じくらいの文官たちであった。

この席上、N氏たちは、沖縄の将来について、縷々《るる》述べた。日米双方で研究に取りかかるべきこと、沖縄における日米琉の緊密化を認めるべきこと……。だが、軍人たちはあきれ果てた表情で、こちらの顔をみているだけ。

たった一人、「沖縄には自治能力がないのではないか」と的はずれの意見をのべたのがいただけだった。N氏は、アフリカ担当の経験がある。「ベルギー領コンゴ（キンシャサ）が独立したとき、この国の大学卒は二九人しかいなかった。わが沖縄には、短大を含め四つの大学がある。沖縄に自治能力がないというのは、とんでもない話だ」と反論したが、話はそこまで。
これには後日談がある。あっせん役をかって出た国務省の日本担当官が軍人たちに、「わざわざ、われわれを呼びつけておいて、日本に勝手な言い分をしゃべらせるとはなにごとか」と、寄ってたかって吊るし上げられたという。唯一の収穫は、吊るし上げられた彼が「かえって沖縄返還の必要性がよくわかった」と評価してくれたことだけであった。

反米から復帰運動へ

そのころの日本はといえば「沖縄を返せ」の声が、民族の悲願という形で、なにかにつけて叫ばれていた。だが、それも、アメリカ本国にとってはよその世界のこととしか響かなかったということになろう。それが、昭和三九年、つまりついこのあいだの、アメリカの雰囲気だったのである。

そういう空気を察して、外務省の中にも、沖縄にかかずらわるのは時間の浪費にすぎないとする向きが、決して少なくなかった。

いま、ある担当官は、当時を振りかえって告白する。

「いったい芽が出るものなのか出ないものなのか、さっぱり見当もつかず、ともかくもタネにジョロだけはかけ続けようという、心細い心境でしたね。しかも、そのジョロというのが、子供のジョロだものですから」

しかし――。それから、わずか五年後。思いもかけず、タネが苗木に育った。つまり、四四年一一月二一日、ワシントンにおける佐藤・ニクソン共同声明という形で、沖縄返還の大綱が決まったのである。

この日、ワシントンで佐藤首相は「沖縄百万同胞に贈る言葉」を発表した。

〈沖縄百万同胞の皆様。私とニクソン大統領との会談の結果、沖縄県民の皆様をはじめとする、わが国全国民の念願でありました沖縄の祖国復帰が、一九七二年中に「核抜き、本土並み」という国民の総意にそった形で実現することになりました。（略）かつて私が沖縄を訪問した際「沖縄の祖国復帰が実現しない限り、わが国にとって戦後は終らない」と申しましたように、沖縄の施政権返還問題は、政治の最高責任者としての私にとっても、最大の課題であったのであります。私は日米首脳会談を終った今、感慨無量であります……〉

佐藤首相の感慨もさることながら、ポトマック河をN氏が渡りあぐねていたころ、沖縄が坂道を転げ落ちてくるように日本へ返ってくると、だれが予測できたであろうか。しかも「核抜き」で。

首相がいうように、祖国復帰は全国民の念願にはなっていた。だが、それは「沖縄を返してほしい」ということであって「沖縄が返る」という保証は、まったくなかったといって差し支えない。「祖国復帰」を叫んでいる本人たちが、どこまでその可能性を信じていたか。それがわれわれの念願を妨げるものでは、もちろんないにしても、

ここで戦後の沖縄に飛んで、沖縄における復帰運動が、どのように形づくられたかを、ざっと眺めておきたい。

日本の無条件降服により、米軍が本土進攻の拠点として占領した沖縄の軍事的価値は、その後、朝鮮動乱に至るまで、完全に影がうすれた。そして沖縄は、単なる物資集積所と化した。GHQの日本統治が始まって、沖縄に君臨したのは、本土にはいられない三流、四流のGHQ職員と、倉庫番のような部隊である。彼らによる沖縄統治は、仁政と呼ぶには程遠かった。結果は、八三日間の戦闘で二〇万人に近い犠牲者を出し、疲弊、虚脱の極にあった県民にさらに辛苦をしいたのである。

それでなくても、異民族による支配は快いものではない。勢い、県民の感情は、アメリカに反発し、本土へ傾斜していった。

沖縄から本土への渡航は、アメリカ人によって、きびしく制限された。祖国復帰を口にしたものは、特定のイデオロギーを持たなくても「アカ」の烙印を押されて、本土へ渡ることが許されなかった。こういう状態では沖縄での祖国復帰運動が、反米と結びついて組織されてきたのもうなずけるところである。

いいかえると、復帰運動の主導権を握ったのは、反米の立場をとる革新政党であった。そしてそのことは本土にも反映され、「沖縄返還」は革新野党や大衆運動による政府攻撃のスローガンとして長い間利用されてきた。沖縄批准国会を前にして革新側が本土・沖縄でとっている「協定粉砕」のポーズは、「反米ならざる沖縄返還」への戸惑いのあらわれとも見られなくはない。

ともあれ、沖縄の革新陣営にとっては、「反米」と「祖国復帰」の二つは、表裏の関係にあった。つきつめていえば、祖国復帰運動が持ち上った時の人々は、いつになるかわからない祖国復帰を実感としてとらえてはいなかったということなのである。沖縄県民の祖国つまり本土に対する感情を、一面的にとらえることはできない。

太平洋戦争で、沖縄は、血塗られた楯となった。そして、その代償はといえば、本土から切り離されて、アメリカの施政権下に委ねられたことである。吉田・ダレス会談の結果、平和条約の第三条に、辛うじて「潜在主権」をもぐりこませたものの、実質上、沖縄はアメリカ領として塗りつぶされたといってよい。

日本列島というトカゲが生きのびるために、沖縄というシッポを切り捨てたのだとする、いわゆる「トカゲのシッポ論」は、このときの県民の胸の中を、かなり的確にいいあてているように思う。

なぜ沖縄が必要なのか

ところで昨今、祖国復帰の主唱者であった沖縄の左翼が「返還協定粉砕」を叫んでいる。この昏迷を、本土のわれわれは、どう受け取るべきなのか。

これを理解するには、沖縄県民の本土に対する感情の「二重構造」を知らなければならない。その一つは、本土に向ける〝骨肉の情〟であり、もう一つは、本土に対する不信感である。

復帰がまったく非現実的であったあいだ、アメリカという〝敵役〟を得て、彼らの骨肉の情は深まっていった。しかし、本土との距離がたしかな現実として縮まるにしたがって、潜在化していた不信感が急激に頭をもたげてきたということのようである。

地元で無視できない勢いを持ってきている「県民不在論」は、いつまでたっても沖縄は、本土の都合で踏みつけにされるのではないかという不信感から出ている。今度のドル・ショックについて、地元民が左右を問わず大きな関心と不満を抱きつづけているのも、それが一人一人の生活に結びついているからとみることができよう。

薩摩による支配以降、沖縄にとって「現実」は、つねに辛いものであった。沖縄の人びとが現実を前にするとき、反応は屈折したものにならざるを得ない。米軍の直接統治下での復帰運動が、現実の復帰を想定していなかったように、復帰が具体的日程として迫ってきたいま、にわかに高まってきた「返還協定粉砕」は、協定の破棄をかならずしも意味しない。このあたりに、沖縄県民の複雑な心情がある。復帰不安の根もそこにある。こうみてくると、沖縄の「県民不在論」は、それはそれなりに、理解がつく。だが、本土でそれが増幅され「国民不在論」がいわれるようになったことは、理解しがたい。それをいうなら、今度の沖縄返還交渉は、アメリカにとっても「国民不在」であったといわなければならない。

交渉が煮つまりだした四四年当時、私は新聞社の特派員として、ニューヨークにいた。その年の九月、東京からの指示で、アメリカ国民の対日意識調査を、ギャラップ社を通じて行なった。その結果がまとめられてきて、私の興味をもっともひいたのは、沖縄返還に関するアメリカ国民の反応ぶりであった。

「アメリカは沖縄の施政権を日本に返すべきか」との問いに、くわしい数字は忘れたが、過半数が「NO」と答えたのである。そして、その理由の最上位を占めたのが「WE・FOUGHT・OVER・OKINAWA」というのであった。

血を流してとったものを、どうして話し合いで返さなければならないのか——ということであろうか。ともかく、アメリカ国民のあいだで、単純素朴な感情が支配的であることを知らされて、驚いたのをおぼえている。

結論からいうと、アメリカ政府は、この国民感情を無視して、沖縄を日本に返すことにしたのである。まさしく「国民不在」の決定であった。

それより前、タクシーの運転手に、いきなり質問されて、答えにつまった経験がある。沖縄にいたことがあるという彼は、こうたずねた。

「日本はなぜ沖縄が必要なのだ」

われわれ日本人が、沖縄の返還を考えるとき「なぜ」という発想には立っていない。当然、返してもらうものだと、頭から思いこんでいるような幼いところがある。だから、この「なぜ」という質問は、予想もしないビーン・ボールを投げつけられた感じであった。まして「必要」かどうかをたずねられることは、デッド・ボールをくらわされたようなものである。

われわれの気持をあえて字にするなら「沖縄は日本固有の領土であり、そこに住む一〇〇万人は日本人である。そのすべてが日本に復帰したいといっているのであるから、アメリカは返還すべきである」ということになるだろうか。運転手にも、そのような意味のことを答えた記憶がある。

だが「べきである」とか「べきでない」とかいった論理で、沖縄返還交渉に日本がのぞんでいたら、果たして、事がうまく運んだのだろうかという疑問が今にして出てくる。

われわれは「沖縄は返すべきだ」と主張し、アメリカ国民は「返すべきではない」

という。このぶつかり合いの中で、われわれが返還をそれこそ〝獲《か》ちとる〟のだとしたら、これは容易なことではない。彼らを論理的に屈服させるには〝両三年〟どころの日時では到底足りないだろうし、かりに一〇年をかけたところで、それが可能だという保証もないのではあるまいか。

戦略論より政治論で

そういう視点で沖縄返還交渉を見直すとき、四三年秋に日米の外交政策企画者が顔を合わせた「下田会議」のさいのエピソードが、重要な意味を持って浮かび上がってくる。外務省は、この秋に当選したニクソン次期大統領に、いかにして「核抜き、本土並み」を売りこむか、非常に苦慮していた。

ところが米側は「いろいろ考えている」というだけで、どうもはかばかしくない。その前年にあたる四二年の佐藤・ジョンソン共同声明で、アメリカ側は小笠原の返還は約束したが、沖縄についてコミットしなかった経緯からして、これは当然のことであった。

例のN氏は前年の暮れにワシントンから帰任、本省の沖縄担当ポストについていたが、そのN氏も下田会議に出席した。会議が終って、東京へ帰る車中、N氏はワシントン駐在時代に知り合った国防総省のある高官と隣合わせた。ここでも、N氏が持ち出したのは「核抜き、本土並み」。そのとき、この旧友が、ポツリと一言洩らした。「戦略論をやってはダメだ。政治論でいけ」と。

N氏は、すぐそのあとトイレに走った。この貴重なヒントをふくむかずかずの言葉を記録する紙を持ち合せていなかった彼は、ロール・ペーパーをひきむしって「戦略論はダメ、政治論」とメモしたのである。

インクのにじんだ、この落し紙をN氏はいまも大切に保存しているという。いま長いトンネルを抜けようとしていて、米高官の助言が、いかに大切なポイントを突いていたかがわかるであろう。

そのころ巷には、沖縄をめぐる軍事論、戦略論が、与野党を問わず盛んであった。沖縄の存在が極東の安全に寄与しているのだ、いや極東の緊張を高めているのだ、といった論議である。

それはそれとして、純粋にアメリカの軍事政策からみるとき、極東のキーストーンである沖縄がいらないはずはないし、核の撤去もあり得ないのは当然のことだろう。日本政府が、これに立ち向かったら、負けは火をみるより明らかである。

N氏は、一旦東京に帰り、その直後に箱根で開かれた勉強会で、「政治論」でいくべきことを力説した。

四四年一一月二一日に発表された佐藤・ニクソン共同声明第八項の「総理大臣は、

核兵器に対する日本国民の特殊な感情及びこれを背景とする日本政府の政策について詳細に説明した」云々は、このときに、その方向が定まったといってよい。日本側は、戦略論を避けた。ひたすら「日本国民の核兵器ぎらい」で押したのである。これなら理屈ではない。「政治論」という名の「感情論」である。

先にいったように「べきである」とか「べきでない」とかで押していたら、どういうことになったか。外交交渉は、論理だけで片づくものではないことを、このエピソードは物語っている。

この共同声明をアメリカできいて、私が抱いたとっさの感想は「アメリカはよく沖縄を返したな」というものであった。幸運なことに天は、われわれの方の単純素朴さに味方したのである。それを当然だというなら、イナカ者のそしりをまぬがれない。ペンタゴンの係官が黙然としていた三九年から、ここに至る僅々五年のあいだに、なにがどのようにかかわって沖縄が返されることになったのか、正直なところ私にはわからない。

しかし、折衝に当った外務官僚だって、どこが本当のところか、わかっていないのではないか。

ときに外交交渉は、考えもつかないことが争点になる。沖縄返還交渉の下敷きになったのは、四三年六月二三日に返還が実現した小笠原の交渉であった。ところでこの交渉の最大のヤマ場になったのは、なんと、硫黄島の摺鉢山に立つ戦勝記念碑の星条旗をおろすかおろさないかだったのである。硫黄島は沖縄と並ぶ太平洋戦争最大の激戦地で、勇猛をもって鳴る海兵隊が、多くの血を流して陥落させた。そのときいらい、山頂には常時、星条旗がはためいている。米側は「このシンボルを、なんとか残して欲しい」と、最後まで頑張り続けたのであった。

最終的には、「星条旗は銅板として残す」ことで決着がつけられた。三月、米海兵隊が来島して星条旗をおろし、かわって、星条旗を形どった銅板がポールにあげられた。それが妥協案だとしても、ポールに銅の旗とは、まことに珍妙な図である。だが、それも束の間、台風がきて、重みに耐えかねたポールが折れてしまった。

現地の米軍はやむなく、落ちた銅板をレリーフのように、台座にセメントではりつけて、なんとか形をととのえた。一陣の熱帯性低気圧は神風でもないだろうが、これで日本は〝実質〟をかちとったことになる。

こうしたやりとりは、子供の「陣地取り」に似て、無邪気でさえある。とても二大国間の交渉ごととは思えない。

だが、このとき外務省の担当官は、外交交渉に、およそ技術的中身と無縁の非合理的要素がはいりこんでくることを、驚きながら学んだのである。あとから触れるように、沖縄の交渉でも、これと似た要素が、随所に顔をのぞかせた。

沖縄県民の複雑な心情

話は前後するが、その沖縄交渉の経緯に戻って、四〇年一月、佐藤首相が初めてアメリカを訪問することになる。このときジョンソン大統領との共同声明が出されたが、米側は沖縄については、返還に関する日本の願望に理解をしめしたという程度で、小笠原についても、米側が、本土に引揚げた本島民の墓参を好意的に検討する、と書いてあっただけであった。しかし、この年から日本は、沖縄に向かって、いよいよ本格的に取り組みを始めたのである。

八月、沖縄で二つの注目すべき出来事があった。一つは、沖縄を戦後初めての総理大臣として訪問した佐藤首相が「沖縄の返還なくしては日本の戦後は終らない」との〝名文句〟を吐いたことである。これが、意外に受けた。そうなると、この文句の〝生みの親〟というのが、あちこちに出現する。新聞記者あり、評論家あり、政治家あり……。

種明かしをすると、これを書いたのは外務省のある中堅幹部である。「成功は父親多し、失敗は子供少なし」と西洋のことわざはいうから、これは成功の部類に入れてよいのかも知れない。

この佐藤首相訪沖のさい、もう一つの事件が起こった。首相の宿舎の前にデモ隊が坐りこんで排除できなかったため、首相は米軍基地の中で一晩すごす羽目になった。一国の総理としても、これは「カッコわるいこと」である。

こういう事態になったのも、当時の沖縄の警察力が、実に弱体だったためだという。それが沖縄の左翼を非常に勢いづかせた。「われわれの力で佐藤を阻止したのだ」という気持が急速に広がったというのである。

一方では佐藤首相の〝名文句〟に涙を流し、他方では佐藤首相を宿舎に入れなかったことに得意を感じる。これは、先にいったような、沖縄県民の複雑な心情の一端を示すものであろう。

沖縄の警察は、その翌々年あたりも、デモ隊のゴボウ抜きに出かけていって、逆にゴボウ抜きされていたが、昨年になると入域手続き拒否で泊港に上陸した本土からの過激学生を追い散らす〝実力〟を身につけた。このとき機動隊員が「本土のゲバ学生たちは、こんなはずではなかったと泣きながら逃げ回っていた」と、うれしそうだったとの話。複雑さは警官にもまた例外ではないということか。

翌四一年は、返還についての表立った動きはない。下田外務次官（当時）が、だれの意を受けたのか、盛んに「核つき自由使用」のアドバルーンをあげていたのが目立つくらいのものである。その年の終りごろ、ハト派として知られるマクナマラ国防長官（当時）が、沖縄返還によって起こる影響をコンピューターによって調査するよう指示したが、軍部の猛烈な抵抗にあってなかなか実現しなかった。年がかわった四二年の初めから、アメリカでもやっと返還についての研究が実施に移されだした。

この年の春、沖縄の船舶に日の丸をかかげさせてほしいという要望が、地元から出された。沖縄の船舶の船籍は日本にない。ただ信号旗をつけているだけである。そのころ、インドシナ方面に出漁した漁船が、インドシナの警備艇に拿捕《だほ》される事件が起きた。「どこの船だ」とたずねられて「沖縄だ」と答えても、相手に、その沖縄がいったいどこなのか理解してもらえない。そこで「日の丸を」ということになったのである。

米側との交渉は、すったもんだの末、日の丸をかかげた上に「琉球」と書いた三角旗を合わせかかげるという妥協案で落着した。いまも、東京・芝浦埠頭にはいる琉球海運など沖縄の船は、この三角旗をつけている。まだ、戦後は終っていない。

その秋に、二回目の佐藤訪米があった。これを前に、春から夏にかけて、アメリカの首脳部が〝お土産〟を検討した結果、小笠原は返そうということになった。しかし沖縄については、返すという方針を出すだけで、実施をどうするかは、まだブランクにしておこうということであったらしい。

そこで四二年の秋に出た共同声明になるのだが、交渉がどういうやり取りで行なわれたか、うかがい知ることはできないが、ともかくも佐藤首相は〝両三年〟のうちに沖縄を返してもらうのが日本の希望だというようなことをいった。そしてアメリカがそれに対し「なるほどなるほど」というような受け方をしたらしい。

ともかく、その〝両三年〟というのが、英語では〝イン・ア・フュー・イヤーズ〟と書いてあった。これについては「三年から五年とするのが正しい」といったような「誤訳説」があとから出て、いろいろ物議をかもしたが、結果からいうと、それから三年で返還の共同声明に漕ぎつけたわけだから、正しかったことになる。

直通電話の声に歓声

明けて四三年の初めから小笠原の交渉にはいったが、沖縄については復帰したときの経済的、社会的混乱にそなえるための日米琉諮問委員会が三月に沖縄に設置された。

N氏は、前でもいったように第二次佐藤訪米の直後、帰国が発令になって、沖縄担当のイスについた。そこで早速、四三年一月から二月にかけて沖縄に飛んだ。一夜、現地の財界人との会合を持った席で「今年は小笠原返還を片づけて、それが終ったらいよいよ沖縄にとりかかるのだ」といったら、みんな黙ってきいていた。ところが、それから二年くらいたって、その中の一人と親しくなり、フランクに話したら「実はNさん、あなたがあのとき沖縄の返還なんていっておられたけど、みんなあとで〝あの人のいうことは眉唾じゃないか〟といっていたんですよ」といわれたそうである。

「両三年」のメドが打ち出されたあとの四三年にして、沖縄では返還をなお信じていなかったというのは、問題の難しさを示すものだろう。

その年の八月、秋に控えた自民党総裁選を前に、三木氏が沖縄について「核抜き、本土並み」を打ち上げ、佐藤首相が「そういう三木氏を外務大臣に選んだ私の不明を恥じる」と応酬する一幕があった。

佐藤首相は、そのときもまだ、沖縄については「白紙」の立場を取り続けており、明けて四四年三月、初めて「核抜き、本土並み」を交渉の目標として打ち出した。本心をなかなか明かさない佐藤首相のハラがいつ固まったか知るべくもないが、外務省が四三年の夏休みを終った時点で、対米、対内関係の研究を本格的に始め、その秋から「核抜き、本土並み」の線で動き出したことは、先のトイレットのエピソードで明らかである。

そしていよいよ、四四年一一月二一日、ワシントンにおける佐藤・ニクソン共同声明に漕ぎつけるわけだが、このあたりの経緯は記憶に新しいところなので触れない。ただ「核抜き、本土並み」が、交渉のドタン場まで、どう転ぶかわからなかったというのは、日本側の本音であったようである。

佐藤・ニクソン会談にそなえ、外務省はワシントン―東京―那覇を結ぶ直通電話をひいた。第一回会談の終了直後、外務省五階に設けられた受話機に、ワシントンから随行団の高官の声が飛び込んできた。これを受けたのはN氏である。

「おい、核が決まったぞ」

「どうなりましたか」

「あの案通りだよ」

「なにか他に条件は」

「なにもない、全くあの通りだ」

この声は、増幅され、スピーカーを通して部屋中に響いた。担当官たちは、思わず歓声をあげた。

「核抜き、本土並みに、いつ確信を持ったかといわれれば、このときだったでしょうね」というN氏の告白が、いかにもうなずける雰囲気である。

この場面は、担当官たちにとって、劇的なものであったに違いない。だが、N氏は、電話を受けたのが、何時だったか正確にはおぼえていない。

そのころアメリカ局は、徹夜、徹夜の連続であった。とはいっても女子職員だけは泊りこませるわけにはいかない。彼女たちの帰宅の順路を表にし、男子職員のエスコートの当番を割り振ったくらいであったという。電話の声がいつひびいたのかを忘れているというあたりに、連夜、忙殺されていた彼らの実感が生々しい。

こうしてかちとった「核抜き、本土並み」も、地元の不安を完全に解消することはできないでいる。沖縄国会で野党は、この点を鋭くつくだろう。

アメリカの核撤去

ところで、協定の「核抜き、本土並み」のもとになったのは、くりかえしになるが、四四年秋の共同声明の第八項であった。一部重複するが、これを改めて引用すると、「総理大臣は、核兵器に対する日本国民の特殊な感情及びこれを背景とする日本政府の政策について詳細に説明した。これに対し、大統領は、深い理解を示し、日米安保条約の事前協議制度に関する米国政府の立場を害することなく、沖縄の返還を、右の日本政府の政策に背馳しないよう実施する旨を総理大臣に確約した」

ということになっている。

そして、返還協定の第七条は、これを受けて「琉球諸島及び大東諸島の返還を一九六九年一一月二一日の共同声明第八項にいう日本国政府の政策に背馳しないよう実施すること」とうたっている。

一説によると、この共同声明が発表されたとき、第八項まで読み進んだ某野党幹部は「これなら勝てる」とひざを叩いたといわれる。その年の暮れに、衆院選が予定されていた。彼は、国民の関心の的となっていた「核抜き」が明示されていないと読んで、選挙有利と判断したというのである。

たしかに共同声明は、ストレートに「沖縄から核をはずす」とはいっていない。「日本政府の政策に背馳しない」かたちで沖縄を返すといっているだけである。

これよりのち、ことしの六月に沖縄へ飛んだ愛知外相（当時）が、県民への報告会で「日本政府が〝沖縄は核抜きで返して下さい〟といい、これに対して米国政府が〝そういたします〟と確約したのでありまして、協定第七条を読んでいただければ何人もこの点につき疑惑を抱くはずはないと思うのであります」といっているが、強弁の感はまぬがれない。

「それなら、そんなもって回ったいい方はやめて、核は沖縄から撤去すると、なぜはっきり書かなかったのか」との疑惑が出てくるのも止むを得ない晦渋さである。

果たして野党は、実際には核抜きが行なわれないのではないかとする、いわゆる「核隠し」論をもって、沖縄国会で追及する構えをみせている。「核隠し」の事実無根については、政府の度重なる否定にもかかわらず、県民のすべてを納得させることができない。

政府の弱いところは、核撤去をアメリカの確約にまかせるだけで、毒ガスの場合のように、日本が立ち合って、それを確認できない点にある。しかも協定文は、数学でいうと、答えはあっているのだが、途中の方程式がなにやらあやしげだといったふうで、説得力に欠けるうらみを避けられない。

協定調印日の、マイヤー駐日大使があいさつの中で「核抜き、本土並み」を重ねて強調したが、報道陣のあいだで話題になったのは、それではなく「遊女と刑事」であったという。なにごとかといえば、これが「友情と敬意」。通訳一つとっても相互理解がいかに難しいか。

核抜きは北京向け

さきの衆院選に戻って、某野党幹部の予測にもかかわらず、自民党は三〇〇議席獲得という圧勝を示し、社会党はついに一〇〇議席を割る惨敗を喫した。本土では、沖縄返還が比較的すんなり評価されたのに対して、現地沖縄では、いぜん疑惑が強い。これは前にいったように、県民感情の複雑さをあらわしているといえるであろう。「本土並み」についても、現地の不満は、次のようなかたちであらわれている。つまり、本土の基地の面積は国土総面積の〇・〇八%だが、沖縄の場合、列島でいうと一五%、本島だけだと二七%を基地が占めている。「本土並み」というからには、これを〇・〇八%にすべきだ、という、いわゆる「物理的本土並み」論がそれである。

四四年秋の共同声明の段階で「本土並み」というのは、アメリカが自由に使用している沖縄の基地に、本土と同じく安保条約、地位協定、事前協議の交換公文などを全部かぶせて、日本が同意しなければ戦闘作戦行動には使えない、あるいは核の持ち込みなどは、日本に事前協議しなければならない、というようにすることを指しており、国民の大方も、そのように理解していた。いわば法律的な「本土並み」だったのである。

それがいつの間にか、物理的なものにかわっていって、現地では「基地の密度」という表現になっている。ここにも、復帰を目前にした県民の屈折がある。

それにしても「即時全面返還」というのは、どういうことであろうか。それでは「本土並み」ではなく「本土以上」である。その論者は、日米安保条約を破棄して、本土からも沖縄からも米軍基地を撤去させるべきだという。議論としては、それもよい。でも、その交渉は、だれがだれを相手に、どのように行なうというのか。沖縄のためというが「ため」にする議論でしかない。

「ため」にするといえば、共同声明第八項の「アメリカの立場を害することなく」の部分だけを取り出してきて、「これは核兵器を残しておくというアメリカの立場を害しないといっているのだ」というようなデマゴーグをなす向きが少なくない。

この点についてN氏ら直接交渉に当った人々の説明をかみくだいていえば次のようになろう。

「事前協議をするという米国政府の立場を害することなく、ということは、事前協議をするという権利までもアメリカは放棄するわけではないということなのです。だから、アメリカは事前協議をする、そうすると日本は〝ノー〟という、そこでアメリカはあきらめる、こういうことなんですけれど、核はアメリカの国防上の根本政策だから、あるともないともいわないのが国是になっています。だからいまいったように書いてあれば満点なのでしょうけど、外交は相手があることでありますし、アメリカはわれわれが安全保障をたよっている先でもあり、また沖縄を返す主体でもあるので、この表現に落ち着いたわけです。

しかし、いまのアメリカの外交、軍事のやり方からみて、ここまで踏み切ったのは精一ぱいで、その書き方は外交技術上、非常によくできたものだと思います。

それは、いくらよくできたといっても、一般の人にも同じくらいわからなければいけないといわれるかも知れません。でも、核抜きであることは絶対に大丈夫です」

余談になるが、沖縄の核抜きは、日米関係への配慮からだけ行なわれたのではないという見方が、米中接近いらい観測筋に有力になってきている。つまり、ニクソンが北京向けに送った、いくつかのシグナルの一つだというのである。

嘉手納飛行場を核基地とするなら、F105のような旧式戦闘機をもってさえも、上海は攻撃の範囲にはいる。それが「本土並み」になって、核も抜かれ、発進も日本の承諾がなければできないとなれば、北京にとって安心こそすれ、反対する理由はない。であるのに、沖縄返還協定そのものが、本質的に中国を刺戟するものであるという論議が一部に絶えない。そこでは、根本的な論理が見すごされているように思う。アメリカ側が、協定文の中で、尖閣諸島の領有権についてコミットしたととられる表現を避けたのも、いまにして思えば、中国への配慮ととれないことはない。

協定粉砕は分裂への道

協定の第一条は、沖縄とは、いったいどこを指すのかを書いているのだが、その表現は平和条約三条の地域から、すでに返還した奄美などを差し引いた残りだという表現になっている。その奄美の返還のさいには、協定と一体をなす付属書に、奄美とはどこかということを緯度、経度で明記している。

沖縄についても結局、協定の解釈を盛り込んだ合意議事録に、アメリカ側が二八年に出した「琉球列島の地理的境界」という布告を引用し、緯度、経度であらわすことになったのであったが、「尖閣諸島」はこの範囲に入っているから、ことばとしては出てこない。

尖閣諸島については、中国が領有を主張している。そのころ、ワシントンでは、すでに米中接近が動き出していて、中国を刺戟する表現を避けたということなのであろう。

外交交渉というのは、このように、いろいろと気骨の折れるものである。なにしろ相手があっての話であるから。

米側にとって、交渉の過程で、なにがいちばん苦労であったかというと、ＶＯＡを残すことと、沖縄の米企業を守ることであった。ＶＯＡ（ヴォイス・オブ・アメリカ）はアメリカの宣伝放送。日本国内では、これが中国を刺戟するというので、反対が強かったが、結局五年にかぎって残すことを日本が認めさせられた。アメリカの「平和のために必要だ」とする主張を崩せなかったわけである。

米企業の保護といえば、極東放送という米資本の放送会社が、これも縮小されて残ることになった。ニクソン大統領の叔父が、最有力者だといわれるこの放送会社は、日、英、中の三カ国語でキリスト教の放送を主として手がけている。このうち中国語放送を自発的にやめるという条件を向うが切り出し、また英語は五年かぎりということで日米は妥協した。

小笠原の場合でみたように、外交交渉には非合理的要素がつきものである。在沖の米企業にとって不利益になる、たとえば輸入割り当て制などを持ち出すと、すぐ本国の上院議員の圧力が国務省にかかって、米側の態度が硬化するといったふうなことは、数知れずであった。

上院議員に関連して、こういう話がある。沖縄が大詰めになってきた四四年、外務省は外国新聞記者の日本招待の枠のあらかたをアメリカに振り向けた。だいたい、先進国の記者は呼ばないのが普通だが、有力上院議員、それもタカ派の地元にある新聞社を選び出し〝招待外交〟で世論工作につとめたのである。新橋あたりの料理屋で、この地方記者たちは「オキナワ」を耳にタコができるほど吹きこまれて、帰っていった。これを非合理的国費の濫費とみるかどうか。

ここで挙げたことは、交渉の細部だというかも知れないが、全体を通じて、交渉の経過を理屈で割り切ることは、できない相談である。

返還協定についていえば、もちろん、われわれに不満は多い。ある政治家が、外務官僚をつかまえて「素朴な国民感情としては沖縄の基地は七割くらいなくなって、三割くらいになると期待していたと思う」といった。実際に返ってくるのは、面積にして一二％程度。政府としても決して満足しているわけではなさそうである。

しかし冷静に考えてみて、「あくまで基地の大幅削減」を前提としてゴリ押しの交渉を行なったとしていたら、米側は返還そのものを拒否せざるを得なかっただろう。交渉は相手の譲歩の限界を越えてはならないのである。

基地縮小は、県民だけでなく、多くの国民の願いでもある。返還が決まったペンキ屋の二階の憲兵隊詰め所まで、麗々しく一件として数え上げているのは偽構である、とするような批判もあるにはある。だが、冷静に考えた場合、ペンキ屋の二階だろうが、フロ屋の地下だろうが、返すというものは一つでも多く取った方が、彼らのいう基地縮小の論理にかなうのではないのか。基地縮小の本番は復帰後で、協定調印の段階ではまだ前座である。だからこそ復帰の実現が何よりも大切なのだ。

芽が吹くかどうかもわからず、細々とジョロをかけ続けてきたタネが、どうやら鉢植え程度になりそうなまでには育った。その枝ぶりは、いってきたように、すべての人の目に納得のいくものではない。だが、ともかくも、苗木一本を掌中にしたのである。枝ぶりは、これから時間とカネをかけていけば、なんとかサマにはなるだろう。

先だっての日米閣僚会議で日本代表は、アメリカの新聞が強気と評する態度に出た。イコール・パートナーシップとはいうものの、沖縄返還がまだ交渉中であったら、そうもいかなかったに違いない。

だが一方に「協定粉砕」の声があがっている。枝ぶりが気に入らないから、根元から切り倒せというものである。そのために沖縄の復帰が一年や二年おくれてもかまわないといい放った野党の大幹部もいる。

沖縄県民の総意がその道を選ぶのなら、あるいは、それも致し方ないかも知れない。でも、確実にいえることは、その道は沖縄の祖国復帰にかけがえのない唯一の実現方法を党利党略のため自ら断ち、そしておそらくは分裂につながるということである。

いずれにせよ、N氏がジョロをかけ続けた一本の苗木は、間もなく彼の手を離れるだろう。三九年秋のポトマック河畔を過去に送りこんだのは、いま返還を現実にもたらそうとしている、同じ七年の歳月であった。これを長かったととるか、短かったととるか——。

N氏の手もとに残るのは、一片のトイレット・ペーパーである。

虫眼鏡でのぞいた大東京

銀座午前三時

東京は、見知らぬもの同士が住む街である。

そこに住む人びとの数を、この正月の住民基本台帳は、一一三六万六七〇とつかまえてみせた。

だが、年ごとのこのこころみは、いつになっても完璧にいたることがない。

東京の午前三時。銀座八丁目の高速道路下。駐車場の隅に、一人の女性が眠っている。

彼女を揺り起こして分厚い台帳に加えたとしても、それで東京都民の正確な数が捕捉されたわけではない。

襤褸《ぼろ》の下に彼女は、もう一人の都民を隠している。松坂屋が壁面いっぱいのサンタクロースを飾りつけるまでに、彼女は母親になるはずである。

こころみというなら、そのかたわらで酒盛りを始めた五人の男たちの方が、毎夜、たしかな手ごたえを味わっている。

彼らは街の〝ブレンダー〟。バーの裏口から裏口へと、捨てられたウイスキーの空瓶を求めて歩く。小一時間もすれば、その底の一滴、二滴が、手にしたボトルの口まで満たしてくれる。

この街で「雑酒二級」をみつけることは、手つかずのまま放り出された折詰の中にスペイン沖のタイを発見するより容易なわざではない。彼らは平均的サラリーマンよりましなウイスキーを飲んでいる。

この時間の銀座は、バーテンダーやボーイが急ぐでもなく家路につく通りである。彼らの表情が白けて見えるのは、日ごろ陽に当らないせいばかりではない。

「東京という町は？」

とたずねてみるがいい。

「女でさえあればね」

と答えるであろう。

高級クラブのホステスは、ヘルプでさえ、一晩に一万六〇〇〇円を保証される。バーテンダーたちが屋台のそば屋に首を突っこむのは、そうでもしなければ補いのつかない空白が、心の底にあるからだろう。東雲の方角で、夜は白みかけていて、まだ明けない。

「まったく、はたちの小娘が……」と、ハイヤー会社の銀座営業所の運転手は、車を洗いながら、胸の内でつぶやく。「ハイヤーに乗る身分かっていうんだよ」

彼はいま、皇居にいちばん近いことが売り物の高級マンションに、ホステスを送り届けて戻ったところである。

この営業所を利用する夜の客は、一人の例外もなく社用族で、六割はホステス連れで現われる。同じ社用でも、鉄鋼屋は「時間がかかりそうだから、いったん切って、また呼ぶよ」などと、几帳面なところをのぞかせ、商社マンは送り順について「ああ、まかせるよ」などと大らかである。

だが、なんといっても、運転手たちにとっていちばん手のかからない客は、官僚。招待され慣れていて、世話が焼けない。

「内閣改造のたびに」と運転手の一人は話す。「大臣の名前なんか、われわれおぼえないでしょう。でも、新しい大臣の家はまっ先におぼえるんですよ」

大臣邸への訪問客が、にわかに頻繁になるからである。ずば抜けて客の多いのが通産大臣。銀座での飲みっぷりも、断然、通産官僚が群を抜いている。

あるハイヤー会社が用意している顧客の地図には、赤インクと青インクの二種類が使われる。赤は本宅、青は別宅。迎えの注文があったとき、二つを取り違えないためにである。

朝湯の楽しみ

東京はおかしな人たちの街であり、二四時間、だれかが起きている街でもある。新聞社の外報部で、夜勤の記者たちがテレックスのわきに不寝番を残して仮眠室へと引き揚げていくころ、飼い主を失った歌舞伎町の名物犬「万吉」は、路地から路地へと物憂げな歩を運んでいる。

街の写真家、渡辺克巳氏も、歌舞伎町の路地を歩く。一枚が二〇〇円。仁義を切るヤクザ、ヌードスタジオのモデル、街娼、アル中の乞食、男娼が顧客である。

が、彼はそうした呼び方を好まない。八月一五日を忘れられない彼は、定価八一五円で写真集を出した。先の人びとが、次のように紹介されている。

「挨拶をする人」「裸で働く人」「夜働く人」「お酒の好きな人」「毎日写真をとる人」。毎日ポーズをとる男娼は、女性になりきれたかどうか、不安な思いから自由になることができないでいる。そこで、渡辺氏が仕上げた前夜の写真を届けると、もう一枚とせがむ。

午前五時。新大橋を渡ってやってきた江東のバタ屋は、「数寄屋橋ここにありき」の石碑の横にリヤカーをとめて、ジャーの栓をおもむろに抜く。ひと仕事終えてのコーヒー・ブレーク。違いがわかる男の味である。

東京の夜は、ほんの束の間である。御徒町の「燕湯」は、夜中の一二時に店じまいして湯を落したばかりなのに、午前四時にはまた浴槽に水をはらなければならない。五時には「朝湯会」の松組が、五時半には竹組が、燕湯の裏口からはいってくる。女性ばかりの梅組の到着は六時である。

男たちが松・竹にわかれたのは、水をうめる、うめない、の争いからであった。いま、松は四八度、竹は四六度。

「燕湯」の主人もかなり熱好きだが、四五度が彼の適温である。「キンタマでもにぎってはいらなくっちゃ、とてもはいれまい」と考えていて、まだそれをためしてはいない。

六時には、一般客のために表の戸が開く。夜をひた走ってきた東北からの仕入れ商人が、都内の公衆浴場ではここ一軒だけという朝湯の恩恵に、それこそ浴する。「青森にいって、燕湯ってきいてみな。そこいら中で知ってるから」と主人。東京の人は、はずみをつけた物言いを、江戸の昔からの習いとしてきた。

都民の三分の一は、六畳一間の木造アパートに住んでいて、そのうちの一割しか風呂を持っていない。都内では、ビルづくりの銭湯が一〇〇を越えた。

その一つ、根岸一丁目の「萩の湯」。七階建の二、三階が浴場と喫茶店にあてられている。その喫茶店の名は「ニューヨーク」。東京の人は、ダジャレも好きである。

五階から七階はマンションで、そこに住む半数以上は、銭湯へ降りてくる。

四月朔日さん

上野動物園のアシカは、上野駅の自動切符売機がニセのコインを峻別するようには、投げられたエサと石とを識別できない。先代のアシカはそのために死んだ。胃の中はいっぱいの石であった。

地見屋は、銀座で一万円札を、新宿で五〇〇円札を拾う。もちろん五〇〇円札の方が多い。人びとが気づかないのは、素人眼に、まるめたハイライトの空がらに見えるからである。

レースが終ったあとの大井競馬場で、南京袋にせわしなくはずれ馬券をつめこんでいるのは、清掃人ではない。失格レースのあった日、彼の胸は期待にふくらむ。

銀座の靴磨きが客のフトコロ具合を推量するのは、靴のよしあしによってではない。小銭で一五〇円を支払う客は豊かであり、紙幣を出すのは貧しいことを経験で知った。

深夜、警視庁の正面玄関で、警備の機動隊員に誰何された酔漢が、いきなり立小便を始めることもある。突きとばされた彼は、それに抗議して、知性を標榜する新聞社の名前を名乗る。

ややあって、本庁の幹部から機動隊員に電話があった。隊員はいった。

「まさか、立小便をする新聞記者はいないでしょう。それをかばう幹部も、警視庁にはいないはずです」

東京都民の二割は電話を、自分がかけるときに便利だが、その必要がないときはわずらわしいと考えているようである。二十三区の加入電話二八三万七九四三本のうち、五十音別電話帳に名前をのせているのは二二八万六九七七本。

田中実氏と知り合いなら、住所をきちんとおぼえておかなければならない。二四三人のうちのどれが自分にとっての田中氏であるのか、電話帳での判別は不可能だからである。

四十八願《よいなら》さんは五軒、大豆生田《まみうだ》さんは二軒、四月朔日さんとなると一軒しかない。

夜中の二時ごろ、その四月朔日さんのベルが鳴ることがある。

「はい、ワタヌキです」

電話口に出ると「あれぇ、ワタヌキか」と、酔っ払いが奇声をあげたりする。賭けているのだろう。

四月朔日家の祖先は豊臣の家臣で、関ヶ原の戦いのあと散り散りになった。いま九州に一軒、京都に一軒。浜田山で洋服仕立業をいとなむこの四月朔日友市さんは、利根川のそばで百姓をしながら徳川三〇〇年をひっそりと生きた一族の末裔だという。

七年前までは名前を電話帳にのせていなかった。今は後悔しているところである。

東京の人は電話をかけるとき、五七・四%がメモ帳に頼り、三九・〇%が記憶に頼り、二・二%が電話帳に頼り、一・三%が「一〇四」「一〇五」に頼る。局は、この一・三%のために一九〇〇人の案内係を置き、一日に三〇万の問い合わせをさばいている。デイトの申しこみをされることがあっても、感謝の言葉をきくことは少ない。

淋しい東京人

東京は、孤独な人たちがさびしさを抑えかねている街である。ジプシー占い、易道に始まって、声の落書、おしゃべりの録音と、話し相手になってくれる電話には事欠かない。

たとえば「人生相談・いのちの電話」。千代田区富士見町の東京ルーテルセンター内に二〇〇人の相談員がいて、二四時間いつでも受けつけている。

テレビ番組が、地方出身のOLの、この電話への相談を流した。方言がどうしても抜け切れないのが悩みで、そのことを考えると会社にいくのも辛い、夜も眠れない――と、泣きじゃくりながらの訴えであった。

実をいえば「いのちの電話」は、その相談事を受けていない。番組に流されたのは、テレビ局の想像力の所産であった。

しかし、その想像は正しい。東京には、方言で話し合う会があって、二〇〇〇人もの会員を集めている。彼らは、ここへくるまで、架空のOLと同じ悩みを悩んだ。

「三分間方言スピーチ」は、いわば逆療法である。

「よが天気ごんすな。かごまも、よがとこいごわあで、まあいつと、きてくやんせ。あたくいとこいや、さくあぐまもたかちほもみゆで、よかとこでごあで」

二四歳の国鉄職員は、桜島と高千穂をのぞむ地方の出身だという。

茨城県出身の二四歳のOLは「東京はゼニとひまがあれば、面白いだっぺなあ。でもよ、空気はわるいし、一生暮らすどころではあんめえ」と考えている。

九年間に四万人が会員として籍を置き、そこから五〇〇組の夫婦が生まれた。

いま会員の二割を、東京生まれが占めている。故郷を持たない彼らは、民話や郷土芸能に目を輝かす。帰省する人に「連れて行ってくれ」と頼んだりもする。

会員に警察官が多いのは、会が主催する山手線一周四〇キロの競歩のとき、整理にあたるのが縁だという。拳銃を腰に下げていたって、さびしいものはさびしい。

だが、もっとさびしいのは、文京区の六五人の老人たちだろう。

区では、低所得、地域遮断、一人暮らし、六五歳以上、の四つの条件にあてはまる人びとに電話をひき、一月に六〇通話までは無料としている。そして、一日に一回、相談員が電話で様子をうかがったり、話し相手になったりする。

「こちらとしては、おばあちゃんの方から電話を入れてほしいんだけど、少しもかかってきません。そのくせ、日に一度電話を入れると〝待っていた〟というんでしょう。ここのところが、ちょっと理解できませんね」

そう話す相談員は二六歳の女性。去年、三人の死を見送った。いま、六人が入院している。

「あるおばあちゃんに、昼過ぎに電話を入れたら、受話器ははずれたのに、なかなか出ないんですよ。『おばあちゃん、おばあちゃん』と呼びますと……」

小さな声で、やっと応答があった。きのうからリュウマチが痛んで、何もたべていないという。電話をとるのがやっとだったのである。救急車が差し向けられた。

東京で、一人暮らしの老人は四万七〇〇〇人。そのうち六〇〇〇人が、やっと電話線一本でこの活動的な大都会とつながっている。都民生局老人福祉課では、ことし中に、あと二〇〇〇台の〝老人電話〟をふやしたいと考えている。

晴れた日であれば、麴町四丁目の路地裏で、細い杖の端に顔をのせるようにして日がな一日立っている老婆の後姿を見ることができるだろう。どういうものか、彼女は通りに顔を向けない。

この老婆も都民であれば、やはり晴れた日、渋谷のハチ公銅像わきで、計算に余念のない男も都民である。画板にはさんだチラシ広告の裏に、めったやたら大きい桁の数字が並ぶ。雨で駅前の電光ニュースが煙る午後は、男の指定席が井の頭線から地下鉄へ通じる連絡橋へと移る。くる日も、くる日も、こうしていて、男の計算がつきることはない。

あるいは――それがいきつくところは、いま東京ではやりの「終末」であるのかも知れないのに、東急デパートのバーゲン・セールに急ぐ山の手の主婦は、その足を彼の前にとめないのである。

新宿の地下道で、伊勢丹の買物袋を二つ両わきにおいて、片方のラチもない品々を、もう片方へと丹念に移し、それが終るとまた元へと、気の長い作業に飽きることのない女に、人間の営みの空しさを感じることだってできなくはない。

逆襲する地下

伊勢丹のエスカレーターを上下する男の少なくとも三割は、そのすれ違いにミニスカートへと目を走らせ、後楽園の野球ファンは、投手がモーションにはいるとき生ビールの紙コップを口もとでとめ、第一京浜の新橋の入り口で信号四回待ちの渋滞にひっかかった運転者はポケットのセブンスターを無意識にさぐり、新宿ステーションビル地階の有料トイレの長イスでは、五〇円を払った少女が長々と寝ている。

新宿駅東口の富士銀行から紀伊國屋にかけては、異様な風体の若ものの溜り場になっている。手に手にシンナーのはいったビニール袋。駅前交番のハコ長は「なぜあいつらを取締まらないんだ」との苦情に「追っても追ってもきましてねえ」と答え、「なぜあいつらを取締まるんだ」と食ってかかる若ものには「別に他人に迷惑をかけるわけじゃないし」と答える。

東京の地下を、姿のない殺人魔が横行しはじめてから一〇年はたった。ある晩秋の朝、永田町の宇部興産ビル地下二階の機械室で、ビル管理人が制服のまま倒れているのを、同僚がみつけた。事故死？　他殺？　だが、外傷もなにも死因の痕跡はない。

管理人は、床下に計器類をおさめてあるピットのフタをあけて、作業をしようとしていたらしい。科警研の調べで、ピット内の酸素はゼロだとわかった。

殺人魔の正体は、酸欠空気だったのである。彼は、フタをあけた瞬間、吹き出した酸素ゼロの空気をかぶって、窒息死したのである。

ライトは帝国ホテルの旧館を「水盆にハスの花を浮かせるように」設計したと書き残している。

江戸から明治期の東京は、豊富な地下水の上に浮いていた。その水位が目に見えて下がりだしたのは、昭和三〇年を境にしてである。

戦前からの都心の資料はない。江東地区で昭和五年に五メートルであった地下水位深度は、三〇年に二〇メートルに下がり、四五年では三六メートルまで地表から遠のいた。

東京では七一四五の工場が冷却用、洗滌用、原料用などの目的で、毎日、五一五万二八六四立方メートルの地下水を汲み上げている。

地下工事で働く人たちは、地中の青緑色の砂を地表でさらすと、たちまち鉄サビ色にかわることをだれでもが知った。一〇〇グラムの砂が三〇ミリ・リットルの酸素をくうことまでは知らなくても。

東京の地層は、酸素欠乏にあえいでいる。地下水位の低下が帯気層の水分をしぼり出して地盤沈下をうながし、そこから酸素を奪ったのである。

神楽坂の「ふたば寿司」で、地下室におりた店員が戻ってこない。仲間が見にいくと倒れていた。「たいへんだ」と声をあげた彼も、たちまち気を失った。公害局に「なにか新しい公害では」と問い合わせがあって、酸欠とわかった。

いま東京の人たちは、地下作業の坑道に、圧縮した空気を送りこむ圧気工法を採用している。だが、一つの不安がある。アメリカのデンバーでこの工法をとったところ、地震をひき起こしたという報告が、もたらされたからである。

夢想を売る若者たち

東京のナマズは大きい。五〇年前に関東大震災の被害をまともに受けた墨田区民の七五％までが、近いうちに大災害を予感している。そして、そのとき、七五％は逃げないつもりである。東京の人の死生観は淡々としている。

東京はまた、若ものたちの夢想を売る街でもある。

まともにいっていれば私大の四年だが、いま二年のN君は、日曜日の朝一〇時から夕方五時にかぎって、新宿駅西口・小田急デパート前に〝店〟を開く。ビーズ・ネックレースが三〇〇円、ブローチが六五〇円、値がさのペンダントが二五〇〇円。

仕入れはアフガニスタン、ネパールで、去年は二回出かけた。仕入れが仕入れだから、一日に一万円の純益があがる。

いま羽田でとめられている古式銃三〇丁は、一月前に持ち帰ったものだ。検査に通れば、彼の背中に位置するデパートにでも卸そうかと思案しているところ。

「こわいのはテキ屋だな。まあ危い目にはあってないけど、オレ、だれにでもペコンとお辞儀することにしてるんだ」

大学では教わらないことを、東京の街は教えてくれる。だが、ひざ上で切ったジーパンに登山帽、体格のいい山男ふうのこの若ものは、大学だけは出ようと思ってる。

「NAMEつくります。時間三〜四分。サービス三〇〇円」の紙きれの前には、ハイティーンの列が切れない。針金を器用にまげていってATSUKO。先端をヤスリでといでピンをつくればブローチの仕上りである。

彼は夜間大学生で二一歳。

「土方の三倍はかせげるな」

昔の苦学生は体を売り、いまの若ものは頭を売る。

肩までの長髪をうしろに束ね、輪ゴムでとめたメガネの学生は二二歳。ミッちゃんと呼ばれていて、しかし女ではない。

「もうかった?」

「うん、昼から五時くらいまでで、軽く一万円越すよ。土曜と日曜だけやっている。そろそろ警備がまわってくるころだから、店しめなくっちゃ。ボク、にげるの速いんだ。まだ一回もつかまってないよ」

「これ手づくり?」

「そうだよ」

「ウソおっしゃい。ほんとは仕入れでしょ。私くわしいんだよ」

「エヘヘ、浅草橋の材料屋から仕入れるんだ。これ、ないしょね」

紋次郎の恰好をしたり、頭にチョンマゲのせてみたり。「カラス」は新宿の名物女。

「おまわりさんもかわいそうに思ったんじゃない？　このごろは甘いよ。だって仕方ないんだ。これしか暮らす道ないんだもん。しがない露店のねえちゃんよ」

彼女はモダン・ダンスにくわしく、扱うのは古道具、骨董のたぐい。信州の田舎をまわっては、西武デパートの系列に卸す。新宿には夜しか出ない。

「今日はキセルを買うと、刻みタバコがおまけだよッ」

東京の若もののソフィスティケーションは、ちょっぴりくすぶってみせることのようである。ラッキーストライクの鮮烈な赤に、初めて富裕を見た気になった中年は、それをシオに、輪から離れる。彼女のわきにあるのは、物資欠乏の思い出につながる『ききょう』だったりして。

東京で最後になる供出米が、足立区で穂を出した。入谷町で四戸、大谷田、古千谷町で各二戸。合わせて八戸の今秋の供出計画は四六俵である。

足立は昭和三〇年に農家三〇〇〇戸を抱え、一万三六〇〇俵（八二万キロ）を供出して、区部でいちばんの穀倉地帯であった。四四年に江戸川区が、四六年に葛飾が脱落していって、足立もついにこれにならう。

「農業用水が下水道がわりに使われて、いまじゃドブ川。こんなに水がきたなくなっては、いいコメはできないね」と、六六歳の農夫。

杉並区立第一小学校の田植えは、ことし六年目を迎えた。三階の屋上に、田んぼといえば田んぼが二面。簡易舗装の校庭はだいたいが狭く、観察用のイネは、階段をのぼった。

「そうですね、合わせて一坪もありましょうか」と、指導の先生。

ジャパナイティス

「貸家」と、ジャパン・タイムズにある。もちろん英語で。

AOYAMA・¥250000、MEIJI SHRINE・¥270000、AZABU・¥304000、¥325000、¥380000、¥430000、¥490000、¥550000、¥600000、¥770000……。

中くらいのところを選んで、家賃四〇万円のところへはいるとする。

「三室、冷暖房完備、超デラックス・マンション、即時入居可、暖炉つきリビングルーム、ダイニングルーム、完全調度キッチン、バスつきメイドルーム、浴室二つ、化粧室広し、駐車場つき」

しばしば出てくる「W／W」だけは、手短かに訳しようがない。「壁から壁へ」の略で、ジュウタンをびっしり敷きつめてあるという記号である。

東京では『ウイークエンダー』という外人社会のための〝タウン紙〟が発行されて

いる。

これに『ツアー・コンパニオン』が加わった。東京の見もの、ききもの、食べものの紹介が主目的だが、出たりはいったりの彼らのあいだでの家具調度の交換にも役立つ。

「求む。アップライト・ピアノ。できればヨーロッパ製を」と、彼らはまだ、ヤマハにはソニーに対するような信を置いていない。

アーネスト・スタンレー氏は滞日四四年の英国人。中央官庁の人たちにブリティッシュ・イングリッシュを教えてきた。

彼の新しい生徒は、最初にかならずこうたずねる。

「日本はお好きですか」

「いやになったら明日にでも帰りますよ」

だが、スタンレー氏が帰国する気配はいまのところない。

町会長をこの春に引き受けてしまったからである。

首相官邸前の坂道をだらだらと下った特許庁の真裏にスタンレー氏の家はあって「霞が関三丁目町会事務所」の看板を下げている。

一昨年の暮れ、深夜に水道管が破裂して、一帯が水びたしになったとき、ユカタ寝巻のスソをはしょって奮闘したその働きが、町内に強烈な印象を与えた。

病気になった弁護士の町会長に懇願されて、区役所との連絡や回覧板づくりを役目として背負いこんだ。

その町会長が逝ったあと、衆議は一決、後任に推されたのである。妻・泰子さんが回覧板の下書きをつくると、スタンレー氏が筆を入れる。会員は、しもたやが一五世帯で、法人を合わせると約四〇世帯。法人の加入は、スタンレー町会長になってからふえた。町会財政の安定のうえで、これは大きい。

交通安全運動のあいだ、総理府わきの交差点で、黄色い帽子をかぶって整理にあたっていた、長身のこの町会長を見た人は少なくないだろう。

彼の造語に「JAPANITIS」というのがある。カッときて、サッとさめる「日本症」。生徒に共通してみられる症状で、東京の人にもあてはまることかも知れない。

二年前、六人の若ものが「GRASS」という看板を赤坂であげた。そのわきに持ってきて「IF YOU WANT IT」。グラスというのは、マリファナの隠語である。顔色のわるい外人が、あたりをはばかるようにして店に現われた。

もちろん、彼の期待には添えない。ここで扱っているのは、オリジナルのジーンズ。刺しゅうがしてあったり、色違いだったり。

いまは原宿に店を移しているが「似合わないものには売らない」という初期の営業方針は崩していない。「フィーリングを売るのだからムードがこわれる」という理由からである。

青山通りを、窮屈なズボンの若ものたちは「ルート246」としか呼びたがらない。この通りから左右に枝を伸ばして「アメリカ」があり、「ヨーロッパ」がある。「JOLIE」「MIALKA」「FASHION EYE・UN」「7½」「PLANNER−M」「DEMAIN」「PUL・PLE」……。

ブティックだったり、ランジェリー屋だったり、陶器店だったり、アクセサリーの店だったり。

婦人雑誌のグラビアは、甘い夢をこう囁きかける。

「ジーンズにフランスパンが似合います。ロングドレスの裾が軽やかに揺れてます。不思議なほどとけ合って、美しい和音を奏でる街。新宿にもない、銀座にもない、やはりルート246・青山通りだけが持つ顔。パリジェンヌふうにそぞろ歩きといきましょう」

六本木では、客に好きなだけ皿を割らせるギリシャ・レストランが、賑やかな夜をくり広げている。経営者は本場からきた。母国で禁止になった古い風習を東京に伝えているのだという。その分だけ割高についた勘定書を仔細に改めることもせず、満腹し、満足して帰っていく。

殺意の街

東京の人は、ときとして、背筋に走る殺意を右の拳にかためる。

毎月、地下鉄の改札係の少なくとも一〇人がそれを受けとめなければならない。とくに危いのが夜一一時をすぎた銀座駅の新橋寄り。

帝都高速度交通営団は、被害にあった係員に営業部長名で表彰状を手渡している。忍耐は美徳というわけだが、真意は労務対策である。トラブルを起こすのは四〇歳すぎの男に多い。この大都会は、若さを失いはじめた生活者に重苦しさを与えるのだろうか。

日比谷公園の花壇で向い合う一対のペリカン噴水がふたたび口ばしから水をふくようになった。

棍棒で殴られたか、それとも、だれかがその首にぶらさがったか。ホワイト・コンクリート製のペリカン夫婦が、羽の下から鉄骨をあらわにし、破れたノド元のパイプから水を吐き出したのは、一昨年の春であった。いま見るのは二代目である。

丸ビル仲通り。昔の大名屋敷、元の赤レンガ街頭。再開発計画でビル群を一新した三菱地所は、入り口に二四個のフラワー・ポットを設け、月に二回、花を植えかえる。

一〇〇〇メートルに及ぶ歩道のグリーンベルトを含めて、年間二五〇〇万円の花代を支出している。

夜、そぞろ歩きのアベックは、花泥棒である。花の一割は男から女へ贈られる。三人がかりで、補植が追いつかない。

東京では高い部屋なら坐っていていくらでも捜し出せるが、安い部屋を見つけるには、歩くほかはない街である。

ここに家賃一三〇円の都営住宅というのがある。両国の緑町から南へ下った森下二丁目。だが、それだけの手がかりで、行きつくことは、おそらくできないだろう。

崩れかかった、コンクリートの二階建て。戦前は都立深川産院であった。

二〇年三月の大空襲で焼け、戦後、ベニヤ板を持ちこんで六畳間一八に間仕切りした。

三八年、都住宅局はこれをこわして、新しく建てかえることを決め、住人と撤去交渉を始めた。二年間で一七世帯が立ち去った。

それから八年、残った一組の夫婦は、たび重なる都側との折衝にもかかわらず、頑張り続けている。

夫婦にも、いろいろ理由はある。立ち退こうとしたら、空地に植えた樹木の移植に不適当な時期であったり、また明け渡そうとしたら折りあしく病気にかかったり。

しかし、六六歳の主人の主張によれば、交渉を長びかせたなによりの原因は、都のお役所仕事にある。

「長い交渉の過程で話が煮つまると、担当者がかわって白紙の状態に戻ってしまう」と。

住宅局は、カド番に立たされた将棋指しのように、長考にはいった。でも、どこか釈然としない。その主人というのは、現職の住宅局員なのである。

東京は一〇万の外国人が住む街である。七万二〇〇〇の韓国人・朝鮮人と、一万六〇〇〇の中国人と、九〇〇〇のアメリカ人と、一五〇〇のイギリス人と、一三〇〇のドイツ人と、七〇〇足らずのインドネシア人と……。

江戸川区北小岩四丁目先無番地。といったのではだれも見当がつかない。京成電鉄江戸川鉄橋下の河川敷。二六年五月に数人が住みついて、いちばん住人の多い四五年四月には三四八人がいた。

いまでは一〇〇軒のバラックに二百六、七〇人ばかり。ひしめき合った家と家のあいだに、段ボール、古新聞、金属などが、山と積まれている。

この集落では、東京の人びとがとっくに捨て去った生活を、目のあたりに見ることができる。手押しのポンプ式井戸、木のタライ。でも、だれ一人、ここへきてタイムトンネルをのぞこうとするものはない。彼らの半数以上は、戦前、朝鮮半島から連れてこられた。

ここにはノラを含めて一〇〇匹からの犬がいる。それをむりに追い出せないのは、ひとしい運命をその上に彼らがみているからかも知れない。

住民は区側に住民税の支払いを〝要求〟して、まだ果たせないでいる。電気も欲しいし、ガスも欲しい——。

住民の一人が、工事現場用のディゼル式発電機を持っている。出力三〇キロワット。全戸の電灯は賄えるが、過熱で長くはもたない。配電は午後六時から一一時。それでも東電の電気代の三倍につく。

移転の話は何度も出たが、折り合いがつかない。廃品回収業には仕切場や車の置場が必要で、都営住宅というわけにもいかないのである。

やがて台風の季節。例年、集落は水浸しになる。河川敷を不法占拠しているスラムは、東京でここだけになった。

飼いならされたジャングル

東京では去年、五五一人が交通事故で死に、五四一七人が重傷を負い、五万六六七五人が軽いけがをした。

この街では、横断歩道を歩いているからといって、安心はできない。

車にはねられた一万三七四四人の中、横断歩道を歩いていたのは二一四八人である。道路へ飛び出して車にひっかけられたのが四〇五五人。事故類型別では「横断中」がこれに次ぐ。

東京は、ルールを守ることが、それを破る半分の安全をしか約束しないアスファルト・ジャングルである。

この世界最大の都会では、五五〇五の交通信号機をかいくぐって、総延長二万一一二〇・六キロの道路を、二五五万九五五台の車が走り回る。

川越街道と山手通りが交差する熊野町では二四時間のうちの二〇時間三二分までが渋滞していて、走るのも思いのままにはいかなくなった。

二八八万四四一人の東京のドライバーは、だから、すいた道路に出たときアクセルを力いっぱい踏みたくなる誘惑とたたかわなければならない。

甲州街道を走っていたピアニストは、スピード違反でつかまると、交通警官の前で運転免許状を焼き捨てた。何気なくポケットに突っこんだ右手が冷たいライターの感触にふれた瞬間、彼の激情に火がついたのである。

「まともに走れない道路に運転免許証を出すな」というのが、この芸術家の言い分。だが、その発行元は警視庁ではない。

それを仲間にいいふらした彼は、いままた、こっそりとライセンスを内ポケットに忍ばせている。「車は坐っていれば、ともかくも前に進む」便利さを、アクセル踏む右足が忘れかねた結果である。

東京がアスファルト・ジャングルだからといって、都民が年々、野性に戻りつつあるという徴候は、どの数字からもうかがえない。

この大都会での交通事故死は、昭和四四年にピークを超えた。今年の上半期、二六四人がタイヤに生命を奪われたが、四年前の同じ時期にくらべると、一四八人を死の淵から引き戻した勘定になる。

東京の住民は、大阪、埼玉、北海道、千葉、茨城、神奈川、愛知の人たちよりも生命を尊重する気風がある。人口が多いにもかかわらず、死者数を都道府県順位の八位に抑えてみせた。

運転者たちは、腹の虫をなだめる方法を、あれこれと競い始めている。

ことしの正月、客に大正琴をきかせては、交通渋滞、信号待ちのいらいらを解消させているタクシー運転手の話をテレビで知った五二歳の男は、歌をうたうことを思い立った。

自作自演の演歌「燃える男ごころ」のテープが、この春から彼の個人タクシーの車内を流れている。

ある中年の運転手は、ちょっと心得違いをしているようだ。車を走らせながら、身をくねらし、絶頂音を自演してきかせる。興いたると、客席を振り向いて賛辞をうながす。

心やさしい人々

東京は、素晴らしいストーリー・テラーの住む街である。

イタリヤ歌劇団が初来日した師走の雪の日のこと、新聞社の社会部で直通電話が鳴った。

「いま雷門のところで、歌劇団の連中が歌ってますよ。いえね、観音様を見物にきて、傷痍軍人がアコーデオンひいてるのを見たらしいんですね。それで、彼のために歌う気になったんでしょう。すごい人だかりです。すぐきてみて下さい」

記者とカメラマンを乗せた車が社旗をひるがえして浅草へ走った。降りつもる雪の上に、歌劇団はおろか、傷痍軍人の足跡もなかった。そのとき、歌劇団は公演の最中だったのである。

無名の、だが、すぐれたこの創作家が、その後、次の傑作を発表したという話はきかない。

遊軍記者と呼ばれる、これも無名の名文家たちは、午前一〇時すぎに出勤して日の暮れまでのあいだ、だいたい三回は席を抜け出して、喫茶店の片隅でこぼし合う。

「最近、いい街ダネが一つもないな」

彼らのところへ、こんな投書があった。

大阪から東京へ転勤してきた愛犬家の若い夫婦。大阪では、飼い犬の首に買い物籠をくくりつけて、その中にメモを入れ、近所に使いに出していた。東京にもやっと慣れたので、ある日、肉屋に買い物に出したら、その晩も、次の晩も戻らない。一週間以上もたった夜、夫婦は雨戸の外に、弱々しい愛犬の泣き声をきいた。飛び出すと彼はバッタリ倒れて、そのまま息を引き取った。買い物籠には包みがはいっていて、その中の牛肉はすっかりひからびている。灯りにすかしてみて、包み紙が、元住んでいた大阪の肉屋のものだとわかった。夜が明けてから夫婦は、自分たちの不注意を悔むことになる。愛犬を用足しにやった日、東京のそばの肉屋は休日だったと知ったからである。彼らの忠実な下僕は、東海道を往復したのであった——。

これもいままでは、ストーリー・テラーのフィクションだと信じられている。投書者がいう神楽坂の一帯に、該当する転入者はいなかったのである。だが、記者たちは、この大都会のどこかに、心うつ話が隠されていることを疑っていない。

東京は、心やさしい人たちの住む街である。小学校にあがった男の子の六八%は父親について「お仕事がたいへんだな」といたわりの気持を抱き、二二%が「交通事故が心配だな」と心をくだき、七%が「病気にならなければいいな」と祈っている。東京で父と子がもっとも多く語り合う場所は、風呂の中である。彼らの九割までが「おとうさんはえらい」と信じている。

女の子は、九八％までが父親とよく話をしながら、一九％が「えらい」とは思っていない。父娘の対話は夕食の席でいちばん行なわれている。男同士の裸のつき合いとは、また一味、別のものがあるのだろう。

東京湾がなくなる

二年前、東京を大阪のネコ暗殺団が襲った。それを契機に結成された「ネコとり被害者の会」は、この秋、五号目の会報を出した。

「最近は三味線ばかりか、おサルさんが高いのだそうで、かわりにネコちゃんが」と、五三歳の主婦は暗い気持でいる。

「なんでも、ネコちゃんの頭が人間様に似ているとかで、生きたまま電線をつないだりされているらしいんです」

東京の獣医で、ネコの避妊手術は一万二〇〇〇円、去勢は五〇〇〇円、安楽死は二〇〇〇円である。実験用の生きたネコの値段は一一〇〇〇円だというが、東京の人は、だれ一人、売り買いの現場には立ち合っていない。

会に「台東区ネコ撲滅の会」と名乗って、果し状が舞いこんだことがある。あるいは、攻撃的電話。

「毎日、毎日、ネコの攻撃に心の休まる暇がない。ネコを見ただけで背筋が寒くなる。ネコは薄気味わるい、にくらしい動物、悪魔の申し子。それをかわいがるのは変人か奇人、それでなければ悪人。大阪のネコとりは大歓迎だ」

ありったけの呪詛を並べ立てる彼は、だからといって、残忍な性格の持主だということにはならない。愛鳥家の彼は、小鳥のために弁じ立てているのである。

これだけの都会では、だれもが仲良くとはとてもいかない。にこやかな笑みの知事が顔を曇らせる日が多くなった。

杉並の人は、概して、他の区民よりかましな生活環境を享受していて、こんなことをいう。

「江東が杉並エゴというが、昔からゴミは東京湾の埋め立てに使われている」

「あんなことをいうなら、杉並にある貯水池の水を江東区民に飲ませるな、というのと同じ論理だ」

東京湾一五号埋立地。「夢の島」のもう一つ先である。午前八時半の受け付け開始で、一〇時までに五一一台、正午までに一〇三九台、午後二時までに一六六八台のゴミ車が全都から集まってくる。そういう受け付けが全部で三カ所。日に延べ五〇〇〇台が一万五〇〇〇トンのゴミを運びこむ。東京には一一カ所の清掃工場があるが、この巨大都市の老廃物の三分の二は、ここで引き受けている。都は、全都のゴミ処理だけのために、仙台と広島市の総予算額を合わせた支出をする。

朝、車体を右に左に傾かせながら、切れ目のない一列になって延々と進む清掃車は、見た目に雄々しく、逆光の中でときとして、サハラ砂漠を行くロンメル将軍の機甲師団を思わせる。

「この分じゃ」と、伝票をくっていた作業服の一人がいう。「ここも年内いっぱいはもたないね。さあ、美濃部さんにきいてみなくっちゃわかんないけど、木更津まで行くことになるんじゃないの。東京湾は埋まっちまうね」

有楽町の交通会館にある都消費者センターに、ときどき、とんでもない電話がかかる。

「夢の島でコンソメ・スープの罐詰をいっぱい拾ってきちゃったんだけど、これたべられるかね」

陽はまた昇り……

東京の人たちは、そこに故郷を取り戻そうと思い始めている。彼らは先行きに、荒廃ばかりを見てはいない。

綾瀬川にクチボソが戻り、神田川に二〇年ぶりの魚影を見つけたとき、人びとは歓声をあげた。

柴又帝釈天を訪れる人は、見る物のない対岸の松戸に身を運ぶ。江戸川の「矢切の渡し」に郷愁をのせて。

ミトキンは、その対岸の生まれである。テレビ・ブームにのって、渥美清、八波むと志、谷幹一、海野かつをと、浅草のコメディアンが六区を巣立っていったあとに、彼一人がカジノ座の、暗い、地下の楽屋に取り残された。

舞台でのっているときのミトキンは、タバコを思い切り吸いこんで、その煙を両の鼻孔から吹き出して見せたものである。

彼にも一度だけチャンスがあった。巨匠と呼ばれている映画監督の作品に出演の交渉があったのである。テストの日、ミトキンの鼻の穴は、一世一代の煙を吹いた。

小柄な割りに大きめの彼の鼻孔をのぞきこんだ巨匠はいった。

「それで？」

「はい、これだけです」

巨匠の東北なまりの宣言が、ミトキンの未来を断った。

「フン、おもすろくねえな」

ミトキンの消息をだれもきかない。ラテン・ボーカルで晴れて歌手になったローザ・ユキは、レコード一枚を残しただけで消えた。単車で楽屋入りしていた伝法肌のマリア・マリは死んだ。

だが、解剖学的ヌード・ショウが西船橋で客を集める時勢に、跡を継ぐ踊り子たちは正統ストリップを崩さない。

一本のウイスキーを楽屋に差し入れるとしよう。その中身は、湯呑みの底にひとたまりずつの量となって全員にわたる。

それから一月後でもいい。半年後でもいい。ウイスキー提供者の姿を次に見たコメディアンは、楽屋の古ダタミの居ずまいを正し、踊り子たちは化粧前から立ち上がって、いっせいにいうはずである。

「このあいだはご馳走様でした」

そうすることが「浅草」なのだと、教えられないでも地方出身の彼らは知っている。六区の伝統は、死滅しそうに見えて、なお息をとめてはいない。

そして、ふたたびめぐってきた東京の夜明け――。

三鷹市新川の清水久行氏は、新宿往復のロードワークに向かって、家を飛び出す。毎朝の名物男を迎える甲州街道沿いの人たちは、九年前、彼の胃がガンで三分の二切除されたことを知らない。

東京の街に陽がのぼる。八〇歳と八カ月の清水氏に明日があるように――。

編集付記

本田靖春さんと長い間、時を共にしたわけでもなければ、このような単行本未収録集の編纂を託されていたわけでもない。一度もお目にかかることすら叶わなかった後追いの若輩が、このような場所である程度の紙幅を費やすこと自体、何をどう考えようとも憚《はばか》られるのであるが、謙遜に次ぐ謙遜が奇妙な佇まいを生む前に書き始めることをお許しいただきたい。歴代の担当編集者の皆様、そして早智夫人からの薦めもあり、本作品を編んだ意図を記す場を与えられたのであるから、力不足など重々承知の上、記させていただく。

本書が刊行されるきっかけとなったのは、弊社より二〇一〇年七月に刊行された特集ムック『文藝別冊 本田靖春「戦後」を追い続けたジャーナリスト』である。数年前から、『月刊現代』『諸君!』『論座』『月刊PLAYBOY日本版』など、ノンフィクション系の雑誌が相次いで倒れた。これまでジャーナリズムの先端に立ち、武骨なノンフィクション作品の源流で在り続けてきた雑誌群に、書店で出会うことが出来なくなってしまった。病魔を筆の威圧で散らしながら最期まで原稿を記す為だけに精神を尽くした本田さんの道程が途絶えてから数年後の出来事だった。誤った見方に違いないが、本田さんの道程とノンフィクションの灯火、その途絶えを、重ねて象徴的に捉えてしまった。勝手に結びつけたくせに、納得がいかない。ならば、本田靖春というジャーナリストが残した作品をこのジャンルが枯渇したとされる現時点に置く、その為に様々な方々に対談や寄稿をお願いした。愛想と丁寧さに欠ける依頼が、「本田靖春さんの……」と口走った瞬間、好転した。何度、「本田さんのことなら、」と言われただろう。

本田靖春作品を現時点に置く試みは、「戦後」に一本の線を通した果てに、明確な答えとして見つけ出すことが出来た。道程を遡るだけで、そのテキストが、今現在も平然と絶対的な強度を誇っていた。寄稿者の皆様から集まった原稿を読み込むと、本田さんの作品を過去形で語り、存在を懐かしむだけの原稿は皆無だった。この遺志をいかにして現代にぶつけるか、書き手の意志が本田さんの遺志に群がっていった。そもそも編集する側が意図的に現時点に導く必要など無かったのだ。

このムックに収録すべく、これまで単行本に収録される機会の無かった単行本未収録作品を様々な方法で調べ上げ、あちこちから引っ張り出して集めてみた。ムックには厳選して三本ほど掲載し、手元に膨大な単行本未収録作品が残った。この原稿を、ひとつの作品として編むことはできないか、早智夫人と何度も顔を合わせ、原稿を取捨選択しながら、この作品集の骨格が築き上げられていった。本書に収められなかった原稿も多く存在する。それらも、視座が古びていたわけではない。対象がいかんせん古びているとの印象を拭えなかったものを取り除いたに過ぎない。

「第一章　持続する怒りを」では、本田作品の通奏低音とでも言うべき、既存のジャーナリズムやメディアに向かう真っ当な怒りを軸とし、ジャーナリストとしての指針、或いは原点となったエピソードを再度掘り起こしてみた。「第二章　植民者二世の目で」では、京城で生まれた出自を常に根っこに置きながら、どこに住まおうが生まれようが、その個人に対する温かみと怒りを均等に差し向けたまなざしを集めてみた。「第三章「戦後」を穿《うが》つ」では、一九七一年に読売新聞を辞め、フリーの物書きとして歩み始めた初期のルポルタージュ作品を掲載した。大新聞から退き、単身で事象に挑み始めた初期の記録には、以降に生まれる数多《あまた》の名作を予期させる野太い筆致が振るわれている。

「なぜ今、本田靖春なのかを、君が書くべきだと思う」、最期まで本田靖春さんに付き添い、没後すぐに遺作『我、拗ね者として生涯を閉ず』を編纂された講談社の渡瀬昌彦さんにそう諭された。続けて早智夫人からも「まとめあげた理由をお書きになると良いのでは」と言われた。

　読者としても、編集者としても、苛立ちがあった。文学の古典はいくらでも手に入れ読み返すことが出来るのに、ノンフィクションやジャーナリズムの古典には手に入れることすら難しい作品が多いのは何故だろうかと。時代の一側面を愚直に切りとった作品を、置いてけぼりにしたまま放っておくのは実に愚かである。佐野眞一さんは「ノンフィクションは豊かな文芸である」と事あるごとに口にされる。対象が風化しても視点は風化しない、本田靖春作品は、この豊かな文芸の主峰である。五感を振り絞った豊穣な感知で抉《えぐ》り取った記録は、永久に読み継がれていくべきだ。

　今回収められた作品は、時代も媒体も多岐に亘る。とりわけ、本田作品の軌跡に寄り添ってきた読者からすると、この並べ方には違和感を覚えるかもしれない。初出一覧をご覧いただければ分かる通り、今作では、書かれた時代がいきなり二〇年飛び、次に一〇年遡る。雑誌の初出掲載順に並べるのが無難かもしれないが、しかしそれは、対象ではなく視点で繋げた結果だと理解していただきたい。タイトルについては、原稿を選び抜く間ずっと反芻していた「複眼」という言葉を用いた。『文藝別冊』の対談の中で魚住昭さんが「単眼ではなく常に複眼で物事を捉えていく。だからあんなに豊かなんです」と本田作品を捉えていらした。その言葉を、書籍名に使わせていただいた。早智夫人と今回の編纂の件でお目にかかり、これからのジャーナリズムについての話に及ぶ度に、魚住さんの名前を聞いたこともその大きな理由になった。

本田さんと近くで接していた沢山の人と出会い、話を聞いた。筆致からは想像できないユーモアセンスを想い出として語り、本田さんが今いてくれたらと目を細め、本田作品を読み継げるように残し伝えていかなければならないと声を荒げた。そして、私を指差して、君を本田さんに会わせてやりたかった、朝日が昇るまで酒を共にし、時として怒鳴られ、そうだ、あの絶品のフランク永井を聴かせてやりたかったと、破顔を繰り返した。ノンフィクションの灯火を絶やさぬよう、薪を継ぎ足し続けた編集者の皆様と交わす会話は、本田さんが亡くなった翌年からこの世界に入った二〇代の若輩にはとても豊かな時間となった。そして何より奥様の早智夫人から、繰り返し何時間も、本田靖春という作家の歩みを聞き出せたのは喜びの極みだった。駅前の喫茶店の隅っこの席、いつも同じその場所で、昨今の時事を持ち出しながら本田なら許さなかったでしょうと厳しく断じる姿は、本田靖春作品をいかにして伝承するべきかと奮い立たせる最たる動機となった。

ある日、『文藝別冊』で使用した本田さんの写真を返す為に、大きなファイルケースに入った写真一式を早智夫人に手渡した。重さ数キロはあろうかという袋を渡しながら、重たいですので自宅までお持ちしましょうかと声をかけた。即座に断られた。「私はいつも闘病中の本田を持ち上げていましたから、本田より軽いものでしたら大丈夫ですので」と立ち去る小さな後ろ姿に、本田靖春の絶えぬ信念が漲っているかのようだった。

『文藝別冊』も、この『複眼で見よ』も、早智夫人が刊行を許諾してくださったのには理由がある。本田さんが生前、「俺が死んだら色んな連中が、こんな人がいたと振り返りたがるだろう。そんな依頼は全部断ってしまって構わない。ただ、若者がやって来て、自分ごときの作品に興味を持ってくれたのならば、その時は考えてみたら」と言い遺していたからである。「最近の若者」に留まっている事を、こんなに喜んだ出来事はない。会った事すらない本田さんの言葉に甘えて、このような本まで編むことが出来た。挙句、拙い付記で締めくくる愚挙をどうかお許しいただきたい。

ノンフィクションが死んでいく、ジャーナリズムが死んでいく、紙の本が死んでいく……物知り顔で死亡予告に勤しみ過去を懐かしむだけの面々。いかなる事態が生じても自分の持ち駒から早々と二項対立に持ち込んで急いで結論を煽る面々。鈍い単眼を、権力と差別と慣例で一丁前に仕立てる面々に、本田靖春作品に通底していた「複眼」が突き刺さる事を願う。そして、こちらは「豊かな文芸」を延命させ、そして新たに勃興させるために、無い頭を尽くさなければならない。

最後になりましたが、本田靖春夫人・本田早智さん、長年の担当編集者として沢山の話をお聞かせくださった講談社・渡瀬昌彦さん、中村勝行さん、鈴木宣幸さん、吉田仁さん、文藝春秋OB・東眞史さん、『文藝別冊』にご寄稿くださった皆様、再録を許諾してくださった各出版社様に、この場を借りて御礼申し上げます。

なお、一部不適当な表現が用いられておりますが、初出掲載時の時代状況等に鑑み、掲載時のまま収録致しました。数字表記につきましてはこちらで統一致しました。ご了承ください。カバー写真は、早智夫人にご提供いただきましたが、撮影者が不明となっております。お心当たりの方は、編集部までご連絡いただければ幸いです。

河出書房新社　編集部　武田浩和

解説　歪みを放置する社会で

武田砂鉄

ひとまず経緯を端折ると、前ページまでの「編集付記」を書いたのは私である。単行本が刊行されたのは二〇一一年四月、直前に東日本大震災が発生し、福島第一原発が大破し、メディアには本当かどうか分からない情報が流れ、政府や電力会社は本当の情報を隠した。編集者として本田靖春の単行本未収録作品集を編む作業を続けながら、そのオビの裏面に、「わけ知りふうにいうと、社会に各種のウソはつきものである。しかし、現実の泥沼に首までつかっても、口が水面に出ているかぎり、たまにはホントもいえる。だが、口までつかると、物をいえない。耳までつかると、何もきこえなくなる。目までつかると、全て真っ暗である」という一節を引いたのは、その動揺の表れだったのだと思う。

「『最近の若者』に留まっている事を、こんなに喜んだ出来事はない」と記した自分は、その三年後に編集者を辞めて独立し、ライターとして、あちこちの媒体に原稿を書く仕事に転じた。もはや「最近の若者」でもなくなったが、本田作品に触発されながら、自分で例示した「いかなる事態が生じても自分の持ち駒から早々と二項対立に持ち込んで急いで結論を煽る面々」や「鈍い単眼を、権力と差別と慣例で一丁前に仕立てる面々」に成り下がってはいまいかと観察される、そして、挑発される側にもなった。

原発が大破した後の日本社会には、自由にものを言うための高いハードルばかりが設けられた。特定秘密保護法によって公権力に隠す自由を与え、共謀罪の成立によって物申す個人を萎縮させた。政府はメディアに対して中立公正を求め、気に食わない報道があれば、これは偏向報道ではないかと周囲の代弁者に突っ込ませる体制を築いた。あからさまな隠蔽や改竄を指摘すると、「そんなことはしてない」とキレるのではなく、「その指摘はあたらない」「誤解があったとしたらお詫びしたい」などと回避し、うやむやにし続けた。追及する知力や体力が目減りするなかで、権力を批判する行為に嘲笑すら向かうようになった。進む監視社会に対して異議申し立てても、「やましいことがあるからそういうことを言うのだろう」と個人の資質に還元される。時の為政者に従属することによって自分の身を守る人たちがいる。そこからこぼれ落ちていく人たちに対して、こぼれ落ちていく理由があったはずと自助努力を促す。なんだか、本田靖春が嫌っていたことばかりが陳列されている世の中になった。今、私たちは、口までつかっているのか、耳までつかっているのか、目までつかっているのか。

どの状態にあるのだろう。率先して溺れている気もする。

東日本大震災が発生した時には会社にいた。国立競技場の目の前にある会社で働いていた自分たちはまず、目の前にある明治公園に避難した。そこには、日頃あまり見かけない多くの高齢者たちが不安そうな表情で集っていた。明治公園と隣り合う都営霞ヶ丘アパートの住民たちだ。小さなコミュニティを守りながら暮らしてきた人々。それからしばらくして、都営霞ヶ丘アパートは取り壊された。避難した明治公園も、もう存在しない。東京オリンピックのせいだ。開催に合わせて新設される国立競技場のため、公園はつぶされ、住民はアパートから追いやられた。最後まで出ていくことを拒んだ住民たちがいたと聞く。小さな声を消して、あんなに大きなスタジアムが建った。

先日、久しぶりに会社を訪ねると、そこから見える景色が一変していることに驚いた。長らく守られてきたものがたった数週間の催事のために消えた。日々の営みを平然と奪うものがいれば、その勢力に対して、憤りの眼差しを向けなければいけない。ジャーナリズムの基本的な態度だ。もうすぐオリンピックがやってくる。復興五輪にしたい、と為政者が言う。復興五輪と叫び、五輪に金が注入されればされるほど、復興は遅れる。国の中枢で開かれる運動会のほうが金になる。だから復興は後回しになる。

怒りを向ける矛先がいくらでも用意できてしまう社会に置かれている。私たちは今、ちゃんと怒れているだろうか。社会の歪みを認知しつつも、そのまま放置するようになったのではないか。単行本を編んだ二〇一一年と現在では、多くのことが変わった。しかし、本田の眼差しは生きている。機能してしまう、という言い方もできる。本書の一編で本田が「真摯さ、誠実さ、愚直さ、といった徳目がすたれつつある世の風潮」という書き方をしている。その風潮は今、加速してしまった。複眼で見よ。編集者として引っ張り出した本田靖春の眼差しに、今は、監視され、挑発され、背中を押されている。

（ライター）

【初出一覧】

第一章　持続する怒りを——拗《す》ね者のジャーナリズム精神

テレビとは面白ければそれでいいのか　〈「放送レポート」87年5月号〉
誤報・虚報を続発する「大新聞の欠陥」を考えた　〈「月刊現代」89年8月号〉
〝やらせ〟を問う　〈「暮しの手帖」93年4・5月号〉
「ジャパン報道」は歪んでいるか　〈「潮」92年8月号〉
政治的「政治記者」の体質　〈「諸君！」72年9月号〉
本田宗一郎さんのこと　〈「暮しの手帖」91年10・11月号〉
もうメシなど食いたくない　〈「ＶＩＥＷＳ」92年8月26日号〉
高校野球がむかつく　〈「ＶＩＥＷＳ」92年9月9日号〉
あるバーの話——思い出の周辺　〈「サントリークォータリー」81年別冊1〉
『不当逮捕』その前夜　〈「本」84年8月号〉

第二章　植民者二世の目で——根なし草のまなざし

旅　心の風景——仙崎　〈「朝日新聞」99年7月1日夕刊〉
筆を措けなかった理由　〈「波」84年8月号〉
高拓生をたずねて　〈「文藝春秋」76年2月号〉
風当たりさらに強し　〈「暮しの手帖」91年8・9月号〉

「近頃の若いもの」と「日本人異質論」〈「暮しの手帖」93年2・3月号〉
植民者二世の目で〈「暮しの手帖」92年10・11月号〉
日本は人種差別国か〈「暮しの手帖」91年2・3月号〉
日本的経営そして日本人〈「暮しの手帖」92年6・7月号〉
書店との結びつき〈「日販通信」84年6月号〉
カタギが競馬をやる時代〈「文藝春秋」74年7月号〉

第三章「戦後」を穿《うが》つ——単行本未収録ルポルタージュ集

不況の底辺・山谷〈「文藝春秋」74年3月号〉
立川　民主主義という名の村八分〈「諸君！」73年3月号〉
むつ小川原　ゴールド・ラッシュの恍惚と不安〈「文藝春秋」72年7月号〉
沖縄返還　もうひとつのドキュメント〈「諸君！」71年11月号〉
虫眼鏡でのぞいた大東京〈「文藝春秋」73年11月号〉

本書は二〇一一年四月、小社から単行本として刊行されました。

複眼《ふくがん》で見《み》よ

二〇一九年一〇月一〇日　初版印刷
二〇一九年一〇月二〇日　初版発行

著　者　本田《ほんだ》靖春《やすはる》
発行者　小野寺優
発行所　株式会社河出書房新社
〒一五一－〇〇五一
東京都渋谷区千駄ヶ谷二－三二－二
電話〇三－三四〇四－八六一一（編集）
〇三－三四〇四－一二〇一（営業）
http://www.kawade.co.jp/

ロゴ・表紙デザイン　粟津潔
本文フォーマット　佐々木暁
本文組版　KAWADE DTP WORKS
印刷・製本　凸版印刷株式会社

Printed in Japan ISBN978-4-309-41712-7

河出文庫

私戦
本田靖春
41173-6

一九六八年、暴力団員を射殺し、寸又峡温泉の旅館に人質をとり篭城した劇場型犯罪・金嬉老事件。差別に晒され続けた犯人と直に向き合い、事件の背景にある悲哀に寄り添った、戦後ノンフィクションの傑作。

伝説の編集者　坂本一亀とその時代
田邊園子
41600-7

戦後の新たな才能を次々と世に送り出した編集者・坂本一亀は戦後日本に何を問うたのか？　妥協なき精神で作家と文学に対峙し、〈戦後〉という時代を作った編集者の軌跡に迫る評伝の決定版。

軋む社会　教育・仕事・若者の現在
本田由紀
41090-6

希望を持てないこの社会の重荷を、未来を支える若者が背負う必要などあるのか。この危機と失意を前にし、社会を進展させていく具体策とは何か。増補として「シューカツ」を問う論考を追加。

思想をつむぐ人たち　鶴見俊輔コレクション1
鶴見俊輔　黒川創〔編〕
41174-3

みずみずしい文章でつづられてきた数々の伝記作品から、鶴見の哲学の系譜を軸に選びあげたコレクション。オーウェルから花田清輝、ミヤコ蝶々、そしてホワイトヘッドまで。解題＝黒川創、解説＝坪内祐三

日本
姜尚中／中島岳志
41104-0

寄る辺なき人々を生み出す「共同体の一元化」に危機感をもつ二人が、日本近代思想・運動の読み直しを通じて、人々にとって生きる根拠となる居場所の重要性と「日本」の形を問う。震災後初の対談も収録。

文明の内なる衝突　9.11、そして3.11へ
大澤真幸
41097-5

「9・11」は我々の内なる欲望を映す鏡だった！　資本主義社会の閉塞を突破してみせるスリリングな思考。十年後に奇しくも起きたもう一つの「11」から新たな思想的教訓を引き出す「3・11」論を増補。

著訳者名の後の数字はISBNコードです。頭に「978-4-309」を付け、お近くの書店にてご注文下さい。